| 法律法规新解读 | 第五版

安全生产法
解读与应用

潘环环 编著

中国法制出版社
CHINA LEGAL PUBLISHING HOUSE

出版说明

“法律法规新解读”丛书作为一套实用型法律图书，历经四版，以其专业、实用、易懂的优点，赢得了广大读者的认可。自第四版后，相关法律规定已发生较大变化，司法实践中也出现了不少新的法律问题，第五版立足“实用”，以关注民生、服务大众为宗旨，切实提升内容实用性；致力“易懂”，使本丛书真正成为“遇事找法者”运用法律维护权利和利益的利器。本丛书选取与日常生活密切相关的法律领域，将各领域的核心法律作为“主体法”，并且将与主体法密切相关的法律规定汇编收录。

“法律法规新解读”丛书独家打造七重法律价值：

1. 出版专业

中国法制出版社是中华人民共和国司法部主管主办的中央级法律类专业出版社，是国家法律法规标准文本的权威出版机构。

2. 条文解读精炼到位

重难点法条以【条文解读】形式进行阐释，解读内容在吸取全国人大常委会法制工作委员会、最高人民法院等部门对条文的权威解读的基础上，结合实际编写，简单明了、通俗易懂。

3. 实务应用精准答疑

根据日常生活中经常遇到的纠纷与难题，以【实务应用】形式提炼归纳出问题点，对标热点难点，精准答疑解惑。

4. 案例指引权威实用

专设【案例指引】板块，选取最高人民法院公报案例、典型案例、各地区法院公布的经典案例以及中国裁判文书网的终审案例等，以案说法，生动地展示解决法律问题的实例。同时，原文收录一部分最高人民法院、最高人民检察院公布的指导性案例，指导实践更准确、更有力。

5. 关联参见检索便捷

除精选与主体法相关联的法律规定外，在主体法中以【关联参见】的方式链接相关重要条文，帮助读者全方位理解相关规定内容。

6. 附录内容实用丰富

书末收录经提炼的法律流程图、诉讼文书、纠纷处理常用数据、重要法律术语速查表等内容，帮助读者大大提高处理法律事务的效率。

7. 超值赠送增值服务

扫描图书后勒口二维码，免费使用中国法制出版社【法融】数据库。读者可查阅“国家法律法规”栏目和“案例解析”栏目中的“最高法指导案例”和“最高检指导案例”的内容。

中国法制出版社

《中华人民共和国安全生产法》
法律适用提示

安全生产事关人民群众生命财产安全，事关改革开放、经济发展和社会稳定的大局，其重要性毋庸置疑。《安全生产法》[①] 由第九届全国人民代表大会常务委员会第二十八次会议于2002年6月29日通过，自2002年11月1日起施行。2009年8月27日第十一届全国人民代表大会常务委员会第十次会议通过的《关于修改部分法律的决定》对该法进行了第一次修正。2014年8月31日第十二届全国人民代表大会常务委员会第十次会议通过的《关于修改〈中华人民共和国安全生产法〉的决定》对该法进行了第二次修正。2021年6月10日第十三届全国人民代表大会常务委员会第二十九次会议通过的《关于修改〈中华人民共和国安全生产法〉的决定》对该法进行了第三次修正。现行《安全生产法》共七章，119条。

2021年《安全生产法》修改，主要包括以下内容：

（一）完善工作原则要求

一是明确规定安全生产工作坚持中国共产党的领导，在法律上贯彻落实坚持党的全面领导的要求，加强党对安全生产工作的领导作用。二是进一步强调以人为本，坚持人民至上、生命至上，把保护人民生命安全摆在首位，树牢安全发展理念，坚持安全第一、预防为主、综合治理的方针，从源头上防范化解重大安全风险。三是增加规定实行管行业必须管安全、管业务必须管安全、管生产经营必须管安全，厘清安全生产

---

① 为便于阅读，本书中相关法律文件名称中的“中华人民共和国”字样都予以省略。

综合监管与行业监管的关系，明确应急管理部门、负有安全生产监督管理职责的有关部门、其他行业主管部门、党委和政府其他有关部门的责任。

（二）强化企业主体责任

一是进一步落实安全生产责任制。要求生产经营单位应当建立健全全员安全生产责任制和安全生产规章制度，加大对安全生产资金、物资、技术、人员的投入保障力度，改善安全生产条件，加强安全生产标准化、信息化建设，构建安全风险分级管控和隐患排查治理双重预防体系，健全风险防范化解机制。二是强化有关负责人的法律责任。明确生产经营单位的主要负责人是本单位安全生产第一责任人，对本单位的安全生产工作全面负责，其他负责人对职责范围内的安全生产工作负责；完善生产经营单位的主要负责人、安全生产管理机构以及安全生产管理人员的安全生产职责范围。三是强化安全生产预防措施。规定生产经营单位应当建立安全风险分级管控制度，按照安全风险分级采取相应的管控措施。四是加大对从业人员关怀。生产经营单位应当关注从业人员的身体、心理状况和行为习惯，加强对从业人员的心理疏导、精神慰藉，严格落实岗位安全生产责任，防范从业人员行为异常导致事故发生。五是完善安全生产责任保险制度。明确规定属于国家规定的高危行业、领域的生产经营单位应当投保安全生产责任保险。六是明确新业态生产经营单位的安全生产责任。要求平台经济等新兴行业、领域的生产经营单位应当根据本行业、领域的特点，建立健全并落实全员安全生产责任制，加强从业人员安全生产教育和培训，履行有关安全生产义务。此外，针对餐饮等行业生产经营单位使用燃气存在的安全隐患，以及矿山、金属冶炼、危险物品有关建设项目施工单位非法转让施工资质、违法分包转包等突出问题，作出专门规定。

（三）加强监督管理力度

一是完善政府监督管理职责。规定各级人民政府应当加强安全生产基础设施和监管能力建设，所需经费列入本级预算。国务院交通运输、住房和城乡建设、水利、民航等有关部门在各自的职责范围内，对有关行业、领域的安全生产工作实施监督管理；县级以上地方各级人民政府应当组织有关部门建立完善安全风险评估与论证机制，对相关生产经营单位实施重大安全风险联防联控。乡镇人民政府和街道办事处，以及开发区、工业园区、港区、风景区等，应当明确负责安全生产监督管理的有关工作机构及其职责，加强安全生产监管力量建设，依法履行生产安全事故应急救援工作职责。县级以上各级人民政府应当组织负有安全生产监督管理职责的部门依法编制安全生产权力和责任清单，公开并接受社会监督。二是加强监督管理信息化建设。规定国务院应急管理部门牵头建立全国统一的生产安全事故应急救援信息系统，国务院交通运输、住房和城乡建设、水利、民航等有关部门和县级以上地方各级人民政府建立健全相关行业、领域、地区的生产安全事故应急救援信息系统，实现互联互通、信息共享，通过推行网上安全信息采集、安全监管和监测预警，提升监管的精准化、智能化水平。有关地方人民政府应急管理部门和有关部门应当通过相关信息系统实现信息共享。三是完善事故调查后的评估制度。要求负责事故调查处理的国务院有关部门和地方人民政府应当在批复事故调查报告后1年内，组织有关部门对事故整改和防范措施落实情况进行评估，并及时向社会公开评估结果；对不履行职责导致事故整改和防范措施没有落实的有关单位和人员，按照有关规定追究责任。四是增加安全生产公益诉讼制度。规定因安全生产违法行为造成重大事故隐患或者导致重大事故的，致使国家利益或者社会公共利益受到侵害的，人民检察院可以根据《民事诉讼法》《行政诉讼法》的相关规定提起公益诉讼。

（四）加大对违法行为的处罚力度

一是提高罚款额度。在已有罚款规定的基础上，提高对各类违法行为的罚款数额。二是新设按日连续处罚制度。生产经营单位违反《安全生产法》有关规定，被责令改正且受到罚款处罚，拒不改正的，负有安全生产监督管理职责的部门可以自作出责令改正之日的次日起，按照原处罚数额按日连续处罚。三是加大对严重违法生产经营单位的关闭力度，依法吊销有关证照，对有关负责人实施职业禁入。生产经营单位存在严重违法情形的，负有安全生产监督管理职责的部门应当提请地方人民政府予以关闭，有关部门应当依法吊销其有关证照，生产经营单位主要负责人5年内不得担任任何生产经营单位的主要负责人；情节严重的，终身不得担任本行业生产经营单位的主要负责人。对承担安全评价、认证、检测、检验职责的机构租借资质、挂靠、出具虚假报告的机构及其直接责任人员，吊销其相应资质和资格，5年内不得从事安全评价、认证、检测、检验等工作；情节严重的，实行终身行业和职业禁入。四是加大对违法失信行为的联合惩戒力度。规定有关部门和机构应当对存在失信行为的生产经营单位及其有关从业人员采取加大执法检查频次、暂停项目审批、上调有关保险费率、行业或者职业禁入等联合惩戒措施，并向社会公示。五是加大社会监督力度。负有安全生产监督管理职责的部门应当加强对生产经营单位行政处罚信息的及时归集、共享、应用和公开，对生产经营单位作出处罚决定后7个工作日内在监督管理部门公示系统予以公开曝光，强化对违法失信生产经营单位及其有关从业人员的社会监督，提高全社会安全生产诚信水平。

《安全生产法》适用广泛。在中华人民共和国领域内从事生产经营的单位都要遵守《安全生产法》及其相关规定，相关单位的从业人员也要依据其生产作业并保护自己的合法权益。安全生产法也是一个广义的概念。《矿山安全法》《建筑法》《煤炭法》《职业病防治法》《劳动法》《劳动合同法》《工会法》《刑法》等有关生产安全及劳动保护的规定，也是安全生产法律规定的一部分。

此外，我国还就安全生产条件的保障、安全生产监督管理、安全事故救援与调查处理、安全生产法律责任等方面出台了一系列的法律、法规、规范性文件，如《国家安全生产事故灾难应急预案》《生产安全事故应急预案管理办法》等，对于保障安全生产条件、及时消除安全隐患、处理安全事故，都起到了重要的作用。

目　录

中华人民共和国安全生产法

第一章　总　　则

第二章　生产经营单位的安全生产保障

实用附录

实务应用速查表

案例指引速查表

法律法规新解读系列

中华人民共和国安全生产法

安全生产法解读与应用

中华人民共和国安全生产法

· 2002 年 6 月 29 日第九届全国人民代表大会常务委员会第二十八次会议通过

· 根据 2009 年 8 月 27 日第十一届全国人民代表大会常务委员会第十次会议《关于修改部分法律的决定》第一次修正

· 根据 2014 年 8 月 31 日第十二届全国人民代表大会常务委员会第十次会议《关于修改〈中华人民共和国安全生产法〉的决定》第二次修正

· 根据 2021 年 6 月 10 日第十三届全国人民代表大会常务委员会第二十九次会议《关于修改〈中华人民共和国安全生产法〉的决定》第三次修正

第一章　总　　则

第一条　【立法目的】[1] 为了加强安全生产工作，防止和减少生产安全事故，保障人民群众生命和财产安全，促进经济社会持续健康发展，制定本法。

条文解读

安全生产 ➲ 安全生产，是指在生产经营活动中，为避免发生造成人员伤害和财产损失的事故，有效消除或控制危险和有害因素而采取的一系列措施，使生产过程在符合规定的条件下进行，以保证从业人员的人身安全与健康，设备和设施免受损坏，环境免遭破坏，保证生产经营活动得以顺利进行的相关活动。

---

① 本书条文主旨为编者所加，为方便读者检索使用，仅供参考，下同。

生产安全事故 ➲ 生产安全事故，是指生产经营单位在生产经营活动（包括与生产经营有关的活动）中突然发生的，伤害人身安全和健康、损坏设备设施或者造成直接经济损失，导致生产经营活动（包括与生产经营活动有关的活动）暂时中止或永远终止的意外事件。

第二条　【适用范围】在中华人民共和国领域内从事生产经营活动的单位（以下统称生产经营单位）的安全生产，适用本法；有关法律、行政法规对消防安全和道路交通安全、铁路交通安全、水上交通安全、民用航空安全以及核与辐射安全、特种设备安全另有规定的，适用其规定。

条文解读

本法适用的主体范围，是在中华人民共和国领域内从事生产经营活动的单位，是指一切合法或者非法从事生产经营活动的企业、事业单位和个体经济组织以及其他组织。包括国有企业事业单位、集体所有制的企业事业单位、股份制企业、外商投资企业、合伙企业、个人独资企业等，不论其性质如何、规模大小，只要是从事生产经营活动，都应遵守本法的各项规定。

本法调整的事项，是生产经营活动中的安全问题。因此，其适用的范围只限定在生产经营领域。不属于生产经营活动中的安全问题，如公共场所集会活动中的安全问题等，就不属于本法的调整范围。这里讲的“生产经营活动”，既包括资源的开采活动，各种产品的加工、制作活动，也包括各类工程建设和商业、娱乐业以及其他服务业的经营活动。

第三条　【工作方针】安全生产工作坚持中国共产党的领导。

安全生产工作应当以人为本，坚持人民至上、生命至上，把保护人民生命安全摆在首位，树牢安全发展理念，坚持安全第一、预防为主、综合治理的方针，从源头上防范化解重大安全风险。

安全生产工作实行管行业必须管安全、管业务必须管安全、管生产经营必须管安全，强化和落实生产经营单位主体责任与政府监管责任，建立生产经营单位负责、职工参与、政府监管、行业自律和社会监督的机制。

条文解读

安全生产工作坚持中国共产党的领导，是安全生产工作的基本原则，这一修改是贯彻落实党的十九届五中全会精神的重要体现。坚持人民至上、生命至上，把保护人民生命安全摆在首位，“三管三必须”原则，是习近平总书记有关安全生产的重要论述，是党的十八大以来安全生产领域改革发展的重要成果，是引领安全生产制度建设工作开展的指导思想。

案例指引

01. 人民检察院在履行公职中发现企业存在重大安全隐患，能否建议市政府及相关职能部门依法全面履行安全生产监管职责?①

2017 年 11 月，海南省某市政府（以下简称市政府）引进海南某清洁能源有限公司等 8 家 LNG（液化天然气）点供企业对某加工产业企业实施“煤改气”，使用 LNG 作为锅炉燃料，并建成 48 个 LNG 气化站。市政府及相关职能部门未对 LNG 点供企业及气化站的进驻程序和生产经营进行规范、有序管理，存在履职不充分、监管不到位等问题。在事前审核环节，LNG 气化站没有办理城镇燃气或危险化学品经营许可证、没有履行消防设计审核及验收等手续。在安全风险防控环节，市政府没有组织对 LNG 气化站安全生产设施进行审查和开展安全风险评估论证，

---

① 参见《安全生产领域检察公益诉讼典型案例》（2022 年 12 月 16 日发布），海南省人民检察院督促整治液化天然气安全隐患行政公益诉讼案，载最高人民检察院网 https://www.spp.gov.cn//xwfbh/dxal/202212/t20221216_595793.shtml，最后访问日期：2023 年 5 月 9 日。

没有组织相关职能部门和生产经营单位实施重大风险联防联控、编制安全生产权力和责任清单等。在事后处置环节，市政府及相关职能部门未严格落实安全隐患排除治理制度、重大事故隐患治理督办制度等，发现重大安全隐患未能依法排除、及时处理。2020 年 8 月至 2021 年 7 月，市政府及相关职能部门对 LNG 点供企业及气化站开展过三次安全生产检查，但发现的安全隐患甚至高风险隐患并未整改完毕。

2021 年 8 月，海南省人民检察院（以下简称海南省院）在履行公益诉讼职责中发现该线索，依法将线索移交海南省万宁市人民检察院（以下简称万宁市院）办理。调查期间，鉴于案情重大复杂，海南省院于 2021 年 10 月 20 日决定与万宁市院实行一体化办案，将该案作为自办案件提级办理。经过实地查看、询问行政机关工作人员和违法行为人及证人、查阅相关资料、调取相关书证、走访相关职能部门，查清造成液化天然气安全隐患的具体违法情况、责任主体、相关义务及职责等。

经调查发现，LNG 气化站存在诸多重大安全隐患，比如气化站没有实体围堰、围墙，围堰设置不符合规范要求，储罐、放散管之间及与站外建构筑物（厂房）之间防火间距不足，站点选址紧邻乡镇道路，罐区离高压线太近等，相关职能部门就 LNG 气化站“主管部门是谁”“适用危险化学品还是城镇燃气管理”等问题产生分歧。2021 年 11 月 19 日，海南省院和万宁市院根据《安全生产法》《城镇燃气管理条例》《危险化学品安全管理条例》相关规定，分别向市政府及相关职能部门制发检察建议。建议其依法全面履行安全生产监管职责，及时消除安全隐患。明确 LNG 气化站的监管主管部门和监管责任，创新监管方式，强化监管实效，引导企业依法合规生产经营，规范行业安全生产。

收到检察建议后，市政府及相关职能部门高度重视，成立领导小组，制定整治方案，并召开专题会议。其间，省编制部门向全省各市县下发通知，明确相关职能部门对 LNG 点供的监管职责。市政府根据该文件进一步细化和明确辖区 LNG 点供监管主管部门和监管责任，组织相关职能部门对之前未落实整改的 LNG 企业及其安全隐患问题进行复查，并依法移送相关执法部门查处。市政府出具了整改承诺函，承诺根据 LNG 气化站具体情况，采取利用管道燃气代替、协调改用其他能源、原站点整改等措施推进整改工作。截至 2022 年 10 月 31 日，48 个 LNG 气化站中已完成整改 33 个，占 68.8%；正在推进整改 15 个，占 31.2%。

检察机关通过一体化办案方式，解决了 LNG 点供行业安全生产监管部门及职责、执法依据和标准不明确的问题。根据《安全生产法》确定的安全生产领域“管行业必须管安全”的原则，紧扣相关职能部门“三定”方案，从一般关系到特殊关系进行辨析，就相关职能部门在 LNG 点供中的综合监管及直接监管责任作出判断，指出各职能部门应当承担的监管职责，阐明 LNG 点供是适用危险化学品还是城镇燃气管理的问题，以司法办案推动 LNG 点供行业专项整治顺利开展，推动安全发展理念落地落实。

第四条　【生产经营单位基本义务】生产经营单位必须遵守本法和其他有关安全生产的法律、法规，加强安全生产管理，建立健全全员安全生产责任制和安全生产规章制度，加大对安全生产资金、物资、技术、人员的投入保障力度，改善安全生产条件，加强安全生产标准化、信息化建设，构建安全风险分级管控和隐患排查治理双重预防机制，健全风险防范化解机制，提高安全生产水平，确保安全生产。

平台经济等新兴行业、领域的生产经营单位应当根据本行业、领域的特点，建立健全并落实全员安全生产责任制，加强从业人员安全生产教育和培训，履行本法和其他法律、法规规定的有关安全生产义务。

条文解读

全员安全生产责任制 ➲ 全员安全生产责任制，是根据我国的安全生产方针，即“以人为本，坚持人民至上、生命至上，把保护人民生命安全摆在首位，树牢安全发展理念，坚持安全第一、预防为主、综合治理的方针”和安全生产法规建立的各级领导、职能部门、工程技术人员、岗位操作人员在劳动生产过程中对安全生产层层负责的制度。企业实行全员安全生产责任制度，法定代表人和实际控制人同为安全生产第一责任人，主要技术负责人负有安全生产技术决策和指挥权，强化部门安全生产职责，落实一岗双责。完善落实混合所有制企业以及跨地区、多层级和境外中资企业投资主体的安全生产责任。建立企业全过程安全生产和职业健康管理制度，做到安全责任、管理、投入、培训和应急救援“五到位”。国有企业要发挥安全生产工作示范带头作用，自觉接受属地监管。构建风险分级管控和隐患排查治理双重预防工作机制，严防风险演变、隐患升级导致生产安全事故发生。

近年来，平台经济等新兴行业、领域快速发展，安全事故时有发生，引起社会广泛关注。增加建立健全并落实全员安全生产责任制、明确履行安全生产义务，保障从业人员人身安全和身心健康的规定，有利于督促引导平台经济经营主体更加重视安全。

关联参见

《劳动法》第 52 条；《矿山安全法》第 3 条；《建筑法》第 3 条；《煤炭法》第 7 条、第 8 条；《危险化学品安全管理条例》第 4 条

第五条　【单位主要负责人主体责任】生产经营单位的主要负责人是本单位安全生产第一责任人，对本单位的安全生产工作全面负责。其他负责人对职责范围内的安全生产工作负责。

第六条　【从业人员安全生产权利义务】生产经营单位的从业人员有依法获得安全生产保障的权利，并应当依法履行安全生产方面的义务。

条文解读

生产经营单位的从业人员 ➔ 生产经营单位的从业人员，是指该单位从事生产经营活动各项工作的所有人员，包括管理人员、技术人员和各岗位的工人，也包括生产经营单位临时聘用的人员和被派遣劳动者。

实务应用

01. 从业人员享有的安全生产保障权利主要包括哪些？

从业人员享有的安全生产保障权利主要包括：（1）有关安全生产的知情权。包括获得安全生产教育和技能培训的权利，被如实告知作业场所和工作岗位存在的危险因素、防范措施及事故应急措施的权利。（2）有获得符合国家标准的劳动防护用品的权利。（3）有对安全生产问题提出批评、建议的权利。从业人员有权对本单位安全生产管理工作存在问题提出建议、批评、检举、控告，生产单位不得因此作出对从业人员不利的处分。（4）有对违章指挥的拒绝权。从业人员对管理者作出的可能危及安全的违章指挥，有权拒绝执行，并不得因此受到对自己不利的处分。（5）有采取紧急避险措施的权利。从业人员发现直接危及人身安全的紧急情况时，有权停止作业或者在采取紧急措施后撤离作业场所，并不得因此受到对自己不利的处分。（6）在发生生产安全事故后，有获得及时抢救和医疗救治并获得工伤保险赔付的权利等。

02. 从业人员保证安全生产方面的义务有哪些？

从业人员在享有获得安全生产保障权利的同时，也负有以自己的行为保证安全生产的义务。主要包括：（1）在作业过程中必须遵守本单位的安全生产规章制度和操作规程，服从管理，不得违章作业。（2）接受安全生产教育和培训，掌握本职工作所需要的安全生产知识。（3）发现事故隐患应当及时向本单位安全生产管理人员或主要负责人报告。（4）正确使用和佩戴劳动防护用品。只有每个从业人员都认真履行自己在安全生产方面的法定义务，生产经营单位的安全生产工作才能有保证。

案例指引

02. 生产经营单位的实习生能否作为从业人员依法获得安全生产保障的权利？①

原告李某帅系被告工商学校某专业学生。2013 年 7 月 8 日，李某帅、工商学校、被告甲公司三方签订学生实习协议书，约定李某帅到甲公司实习，甲公司在安排实习生上岗前应先对实习生进行企业文化、岗位要求、专业技能、操作规范、安全生产、劳动纪律等方面的培训教育，安排到相应的部门和岗位从事与国家劳动保护法规相符合的对人身无危害、对青少年身心健康无影响的工作，并指派带教师傅对实习生进行指导评价；对易发生意外工伤的实习岗位，甲公司在实习生上岗前除加强安全生产教育外，还应提供应有的劳动保护措施等。

2013 年 11 月 2 日 11 时许，李某帅在甲公司处加班操作数控折边机，在更换模具时不慎踩到开关，致使机器截断其右手第 2—5 指。李某帅随即被送至医院手术治疗、住院，出院后多次门诊。其间，甲公司向李某帅垫付了医疗费等费用 78738. 51 元。因赔偿事宜各方无法协商一致，遂成诉。

上海市青浦区人民法院一审确认甲公司对李某帅本次受伤造成的经济损失承担 80% 的责任，李某帅自负 20% 的责任。李某帅不服提起上诉。

上海市第二中级人民法院二审认为：首先，甲公司系李某帅实习期间的直接管理人，对李某帅如何从事实习工作能够支配和安排，并能够对工作过程实施监督和管理。李某帅虽为实习生但其所从事的劳动客观

---

① 参见《李某帅与甲公司、工商学校提供劳务者受害责任纠纷二审民事判决书》，案号：(2015) 沪二中民一（民）终字第 1807 号，载中国裁判文书网。

上系为甲公司创造经济利益，李某帅仍然享有劳动保护的权利。而李某帅此次受伤的危险来源属于其所从事之劳动的正常风险范围内。因此，综合考量甲公司与李某帅之间支配与被支配的地位、劳动所创造经济利益的归属、甲公司应当承担的劳动保护以及劳动风险控制与防范的职责和义务，甲公司应当对本案李某帅所受之损害承担主要赔偿责任。其次，工商学校作为李某帅实习期间的间接管理人，虽无法直接支配李某帅的工作，但其作为职业教育机构应当清楚学生参与实习工作的内容及可能的危险性，可以通过对学生的安全教育以及与企业沟通协商，控制和防范风险。工商学校未尽到其职责，应当对李某帅所受损害承担次要责任。最后，李某帅作为实习生，技能尚处于学习阶段，劳动报酬也区别于甲公司正常员工，因此对李某帅在劳动过程中的谨慎注意义务不能过于苛求。李某帅事发当日在没有带教老师陪同加班的情况下所出现的操作不当尚不足以构成重大过失，相较于甲公司、工商学校对风险防范所应承担的义务，李某帅的一般过失不能减轻甲公司及工商学校所应承担的赔偿责任。故原审判令甲公司对李某帅的损害后果承担80%的赔偿责任，并无不当；但剩余20%的赔偿责任应由工商学校承担，原审判令李某帅自负一定责任存有不当，应予改判。

关联参见

《矿山安全法》第22条、第26条、第27条；《建筑法》第47条；《煤炭法》第36条、第37条；《危险化学品安全管理条例》第4条

第七条　【工会职责】 工会依法对安全生产工作进行监督。

生产经营单位的工会依法组织职工参加本单位安全生产工作的民主管理和民主监督，维护职工在安全生产方面的合法权益。生产经营单位制定或者修改有关安全生产的规章制度，应当听取工会的意见。

条文解读

工会职责 ➲《工会法》第6条第3款规定，工会依照法律规定通过职工代表大会或者其他形式，组织职工参与本单位的民主选举、民主协商、民主决策、民主管理和民主监督。

1. 企业、事业单位、社会组织违反劳动法律法规规定，有不提供劳动安全卫生条件、随意延长劳动时间等侵犯职工劳动权益情形的，工会应当代表职工与企业、事业单位、社会组织交涉，要求企业、事业单位、社会组织采取措施予以改正；企业、事业单位、社会组织应当予以研究处理，并向工会作出答复；企业、事业单位、社会组织拒不改正的，工会可以请求当地人民政府依法作出处理。

2. 工会发现企业违章指挥、强令工人冒险作业，或者生产过程中发现明显重大事故隐患和职业危害，有权提出解决的建议，企业应当及时研究答复；发现危及职工生命安全的情况时，工会有权向企业建议组织职工撤离危险现场，企业必须及时作出处理决定。

3. 职工因工伤亡事故和其他严重危害职工健康问题的调查处理，必须有工会参加。

4. 国家机关在组织起草或者修改直接涉及职工切身利益的法律、法规、规章时，应当听取工会意见。县级以上各级人民政府及其有关部门研究制定劳动就业、工资、劳动安全卫生、社会保险等涉及职工切身利益的政策、措施时，应当吸收同级工会参加研究，听取工会意见。

5. 企业、事业单位、社会组织研究经营管理和发展的重大问题应当听取工会的意见；召开会议讨论有关工资、福利、劳动安全卫生、工作时间、休息休假、女职工保护和社会保险等涉及职工切身利益的问题，必须有工会代表参加。

关联参见

《工会法》第6条、第22—26条、第33条、第38条；《矿山安全法》第23—25条、第37条；《煤炭法》第37条；《最高人民法院关于在民事审判工作中适用〈中华人民共和国工会法〉若干问题的解释》

第八条　【各级人民政府安全生产职责】 国务院和县级以上地方各级人民政府应当根据国民经济和社会发展规划制定安全生产规划，并组织实施。安全生产规划应当与国土空间规划等相关规划相衔接。

各级人民政府应当加强安全生产基础设施建设和安全生产监管能力建设，所需经费列入本级预算。

县级以上地方各级人民政府应当组织有关部门建立完善安全风险评估与论证机制，按照安全风险管控要求，进行产业规划和空间布局，并对位置相邻、行业相近、业态相似的生产经营单位实施重大安全风险联防联控。

条文解读

安全生产规划 ➲ 安全生产规划，是各级人民政府制定的比较全面长远的安全生产发展计划，是对未来整体性、长期性、基本性问题的考量，设计未来整套行动的方案。具有综合性、系统性、时间性、强制性等特点。按照《中共中央、国务院关于建立国土空间规划体系并监督实施的若干意见》的要求，建立国土空间规划体系并监督实施，将主体功能区规划、土地利用规划、城乡规划等空间规划融合为统一的国土空间规划，实现“多规合一”。

要求安全生产规划与国土空间规划等相关规划相衔接，主要是指安全生产规划中涉及国土空间规划等相关规划的内容应当与国土空间规划等相关规划相衔接，如安全生产规划中有关危险化学品的化工园区建设，涉及化工产业布局等，就应当与国土空间规划相衔接。这是针对实践中出现的新情况而提出的新要求。同时，也要求在编制国土空间规划等相关规划时，应当考虑安全生产因素。

安全风险评估与论证机制 ➲ 县级以上地方各级人民政府要建立完

善安全风险评估与论证机制，科学合理确定企业选址和基础设施建设、居民生活区空间布局。要对位置相邻、行业相近、业态相似的生产经营单位实施重大安全风险联防联控。

关联参见

《矿山安全法》第 4 条、第 33 条、第 34 条；《煤炭法》第 30 条；《煤矿安全监察条例》第 2 条、第 4 条、第 7 条、第 49 条；《建设工程安全生产管理条例》第 39 条、第 40 条、第 43 条、第 46 条；《危险化学品安全管理条例》第 8 条

第九条　【安全生产监督管理职责】国务院和县级以上地方各级人民政府应当加强对安全生产工作的领导，建立健全安全生产工作协调机制，支持、督促各有关部门依法履行安全生产监督管理职责，及时协调、解决安全生产监督管理中存在的重大问题。

乡镇人民政府和街道办事处，以及开发区、工业园区、港区、风景区等应当明确负责安全生产监督管理的有关工作机构及其职责，加强安全生产监管力量建设，按照职责对本行政区域或者管理区域内生产经营单位安全生产状况进行监督检查，协助人民政府有关部门或者按照授权依法履行安全生产监督管理职责。

条文解读

国务院和县级以上地方各级人民政府主要承担安全生产工作的领导职责，发挥建立健全安全生产工作协调机制和支持、督促各有关部门依法履行安全生产监督管理职责，协调、解决重大问题的作用。

本法 2021 年修改贯彻落实改革发展要求，完善各类开发区、工业园区、港区、风景区等功能区安全生产监管体制，明确负责安全生产监督管理的机构。授权依法履行安全生产监督管理职责，是为了赋予乡镇街办及开发区等依照地方立法开展相应的监管职责。

第十条　【安全生产监督管理体制】 国务院应急管理部门依照本法，对全国安全生产工作实施综合监督管理；县级以上地方各级人民政府应急管理部门依照本法，对本行政区域内安全生产工作实施综合监督管理。

国务院交通运输、住房和城乡建设、水利、民航等有关部门依照本法和其他有关法律、行政法规的规定，在各自的职责范围内对有关行业、领域的安全生产工作实施监督管理；县级以上地方各级人民政府有关部门依照本法和其他有关法律、法规的规定，在各自的职责范围内对有关行业、领域的安全生产工作实施监督管理。对新兴行业、领域的安全生产监督管理职责不明确的，由县级以上地方各级人民政府按照业务相近的原则确定监督管理部门。

应急管理部门和对有关行业、领域的安全生产工作实施监督管理的部门，统称负有安全生产监督管理职责的部门。负有安全生产监督管理职责的部门应当相互配合、齐抓共管、信息共享、资源共用，依法加强安全生产监督管理工作。

条文解读

按照“三管三必须”原则，应急管理部门履行综合监管职责，有关部门履行对本行业、领域的安全监管职责。明确负有安全生产监督管理职责的部门应当相互配合、齐抓共管、信息共享、资源共用，既有利于各部门各司其职，又有利于发挥监管合力。

通常情况下，每个行业、领域都应当归入相应的监管部门，但一些新出现的行业、领域可能因为各种原因暂时没有确定监管部门，为了避免监管真空，需要按照业务相近的原则确定一个对应的监管部门。各级政府针对这一情况，应当及时对有关部门的职责进行调整，将新兴行业、领域纳入法定监管范围。

第十一条　【安全生产有关标准】 国务院有关部门应当按照保障安全生产的要求，依法及时制定有关的国家标准或者行业标准，并根据科技进步和经济发展适时修订。

生产经营单位必须执行依法制定的保障安全生产的国家标准或者行业标准。

第十二条　【安全生产强制性国家标准的制定】 国务院有关部门按照职责分工负责安全生产强制性国家标准的项目提出、组织起草、征求意见、技术审查。国务院应急管理部门统筹提出安全生产强制性国家标准的立项计划。国务院标准化行政主管部门负责安全生产强制性国家标准的立项、编号、对外通报和授权批准发布工作。国务院标准化行政主管部门、有关部门依据法定职责对安全生产强制性国家标准的实施进行监督检查。

第十三条　【安全生产宣传教育】 各级人民政府及其有关部门应当采取多种形式，加强对有关安全生产的法律、法规和安全生产知识的宣传，增强全社会的安全生产意识。

条文解读

安全生产工作事关国家和人民群众的生命财产安全。做好安全生产工作，必须要有广大职工和社会公众的积极主动参与。各级人民政府应当采取多种形式，利用电视、报纸、广播以及互联网等新媒体，大力开展对安全生产法律、法规的宣传。

第十四条　【协会组织职责】 有关协会组织依照法律、行政法规和章程，为生产经营单位提供安全生产方面的信息、培训等服务，发挥自律作用，促进生产经营单位加强安全生产管理。

条文解读

本条明确了行业协会、商会等协会组织在安全生产方面的作用。协会组织是依法成立的社团法人，依据其成员共同制定的章程实现其组织职能，维护本行业企业的权益，规范市场行为，增强抵御市场风险的能力。中国安全生产协会是安全生产领域的专业协会。该协会于 2008 年 1 月成立，是非营利性社会组织，设有教育培训、安全评价、中小企业等工作委员会以及矿用产品、安全生产检测检验、冶金安全等专业委员会。该协会的业务范围包括贯彻“安全第一、预防为主、综合治理”的安全生产方针，总结、交流和推广安全生产先进经验；承担行业安全生产标准化相关工作，推动企业安全管理水平的提升；组织开展安全生产宣传教育活动，增强全民安全生产意识；等等。

第十五条　【安全生产技术、管理服务中介机构】依法设立的为安全生产提供技术、管理服务的机构，依照法律、行政法规和执业准则，接受生产经营单位的委托为其安全生产工作提供技术、管理服务。

生产经营单位委托前款规定的机构提供安全生产技术、管理服务的，保证安全生产的责任仍由本单位负责。

条文解读

本条是关于为安全生产提供技术、管理服务的机构有关内容的规定。从事专业安全生产服务的机构必须符合法律、法规等规定的设立条件，其人员也要有一定的资质条件，以保证能提供专业化的服务。专业安全生产服务机构可以申请专业技术服务资质证书，并在许可的范围内开展活动。

实务应用

03. 对于安全生产服务机构开展安全生产技术服务，法律法规有何要求？

安全生产服务机构开展安全生产技术服务，应当遵守公开、公正、诚信和自愿的原则，按照政府指导价或者行业自律价，与委托方签订委托协议，明确双方的权利和义务。安全生产服务机构必须遵守法律、行政法规的有关规定和执业准则，按照生产经营单位的委托，提供有关的安全评价、检测、检验、认证、咨询、培训、管理等服务。生产经营单位对安全生产服务机构有自主选择权。有关政府部门不得强令生产经营单位接受其指定机构的服务。

04. 生产经营单位能否因委托相关机构提供安全生产技术、管理服务而减免其安全生产责任？

本条第 2 款特别强调，生产经营单位委托相关机构提供安全生产技术、管理服务的，保证安全生产的责任仍由本单位负责。接受生产经营单位的委托后，从事安全生产服务的机构与生产经营单位之间是一种委托关系。根据《民法典》的规定，在委托范围之内，受托机构的一切行为后果都由委托的生产经营单位承担。生产经营单位委托相关机构为其安全生产提供技术、管理服务，属于单位内部安全生产管理的一种方式，对生产经营单位的安全生产责任本身没有任何影响，其安全生产责任并不因为委托相关机构就减轻或者免除。

第十六条　【事故责任追究制度】国家实行生产安全事故责任追究制度，依照本法和有关法律、法规的规定，追究生产安全事故责任单位和责任人员的法律责任。

条文解读

本条确立了事故责任追究制度。考虑到责任单位和责任人员均应承担安全生产事故责任，因此，在责任人员的基础上，2021 年修改本法时增加了责任单位。责任单位和责任人员主要承担的责任包括行政责任、民事责任和刑事责任，具体的责任形式在本法法律责任一章中有明确规定。

实务应用

05. 实践中违反安全生产法律法规和技术规范的情形主要有哪些？

生产经营活动中发生安全事故的原因多种多样，但大多数情况都是因为违反安全生产的法律法规、标准和有关技术规程、规范等人为因素造成的，主要包括：生产经营活动的作业场所不符合保证安全生产的规定；设施、设备、工具、器材不符合安全标准，存在缺陷；未按规定配备安全防护用品；未对职工进行安全教育培训，职工缺乏安全生产知识；劳动组织不合理；管理人员违章指挥；职工违章冒险作业等。

案例指引

03. 因生产经营单位负责人违法违规操作导致发生重大生产安全事故的，应如何处理？①

被告人杨某锵，男，汉族，1955 年 2 月 23 日出生，福建省泉州市鲤城区某旅馆经营者、实际控制人。2012 年，杨某锵在未取得相关规划和建设手续的情况下，在福建省泉州市鲤城区开工建设四层钢结构建筑物，其间将项目以包工包料方式发包给无钢结构施工资质人员进行建设施工，并委托他人使用不合格建筑施工图纸和伪造的《建筑工程施工许可证》骗取了公安机关消防设计备案手续。杨某锵又于 2016 年下半年在未履行基本建设程序且未取得相关许可的情况下，以包工包料方式将建筑物发包给他人开展钢结构夹层施工，将建筑物违规增加夹层改建为七层。2017 年 11 月，杨某锵将建筑物四层至六层出租给他人用于经营旅馆，并伙同他人采用伪造《消防安全检查合格证》和《不动产权证书》等方法违规办理了旅馆《特种行业许可证》。2020 年 1 月中旬，

① 参见《人民法院、检察机关依法惩治危害生产安全犯罪典型案例》（2022 年 12 月 15 日发布），杨某锵等重大责任事故、伪造国家机关证件、行贿案，载最高人民法院网 https：//www. court. gov. cn/zixun-xiangqing-383601. html，最后访问日期：2023 年 5 月 9 日。

杨某锵雇用工人装修建筑物一层店面，工人发现承重钢柱变形并告知杨某锵，杨某锵要求工人不得声张暂停施工，与施工承包人商定了加固方案，但因春节期间找不到工人而未加固，后于同年3月5日雇用无资质人员违规对建筑物承重钢柱进行焊接加固。3月7日17时45分，旅馆承租人电话告知杨某锵称旅馆大堂玻璃破裂，杨某锵到场查看后离开。当日19时4分和19时6分，旅馆两名承租人先后赶到现场发现旅馆大堂墙面扣板出现裂缝且持续加剧，再次打电话告知杨某锵，杨某锵19时11分到达现场查看，旅馆承租人叫人上楼通知疏散，但已错失逃生时机。19时14分建筑物瞬间坍塌，造成29人死亡、50人不同程度受伤，直接经济损失5794万元。经事故调查组调查认定，旅馆等事故单位及其实际控制人杨某锵无视法律法规，违法违规建设施工，弄虚作假骗取行政许可，安全责任长期不落实，是事故发生的主要原因。

另查明，2012年至2019年，杨某锵在建设旅馆所在建筑物、办理建筑物相关消防备案、申办旅馆《特种行业许可证》等过程中，为谋取不正当利益，单独或者伙同他人给予国家工作人员以财物。

福建省泉州市丰泽区人民检察院对杨某锵以重大责任事故罪、伪造国家机关证件罪、行贿罪，对其他被告人分别以重大责任事故罪、提供虚假证明文件罪、伪造国家机关证件罪、伪造公司、企业印章罪提起公诉。泉州市丰泽区人民法院经审理认为，杨某锵违反安全管理规定，在无合法建设手续的情况下雇用无资质人员，违法违规建设、改建钢结构大楼，违法违规组织装修施工和焊接加固作业，导致发生重大伤亡事故，造成严重经济损失，行为已构成重大责任事故罪，情节特别恶劣；单独或者伙同他人共同伪造国家机关证件用于骗取消防备案及特种行业许可证审批，导致违规建设的建筑物安全隐患长期存在，严重侵犯国家机关信誉与公信力，最终造成本案严重后果，行为已构成伪造国家机关证件罪，情节严重；为谋取不正当利益，单独或者伙同他人给予国家工作人员以财物，致涉案建筑物、旅馆违法违规建设经营行为得以长期存在，最终发生坍塌，社会影响恶劣，行为已构成行贿罪，情节严重，应依法数罪并罚。据此，依法对杨某锵以伪造国家机关证件罪判处有期徒刑9年，并处罚金人民币200万元；以行贿罪判处有期徒刑8年，并处罚金人民币20万元；以重大责任事故罪判处有期徒刑7年，决定执行有期徒刑20年，并处罚金人民币220万元。对其他被告人依法判处相应刑罚。一审宣判后，杨某锵等被告人提出上诉。泉州市中级人民法院裁定驳回上诉、维持原判。

一段时期以来，因为违法违规建设施工导致的用于经营活动的建筑物倒塌、坍塌事故时有发生，部分事故造成重大人员伤亡和高额财产损失，人民群众反映强烈。司法机关要加大对此类违法犯罪行为的打击力度，依法从严惩治建筑施工过程中存在的无证施工、随意改扩建、随意加层、擅自改变建筑物功能结构布局等违法违规行为，对于危及公共安全、构成犯罪的，要依法从严追究刑事责任。特别是对于导致建筑物倒塌、坍塌事故发生负有首要责任、行为构成重大责任事故罪等危害生产安全犯罪罪名的行为人，该顶格处刑的要在法定量刑幅度范围内顶格判处刑罚，充分体现从严惩处危害生产安全犯罪的总体政策，切实保障人民群众生命财产安全。

关联参见

《民法典》第176—187条；《刑法》第30条、第31条、第131—137条；《行政处罚法》第9—16条

第十七条　【安全生产权力和责任清单】县级以上各级人民政府应当组织负有安全生产监督管理职责的部门依法编制安全生产权力和责任清单，公开并接受社会监督。

条文解读

《中共中央、国务院关于推进安全生产领域改革发展的意见》要求依法依规制定各有关部门安全生产权力和责任清单，尽职照单免责、失

职照单问责。权力和责任清单的重要功能是明确各部门权力边界，防止权力滥用，压实责任环节。通过公开责任清单，方便社会了解和掌握政府部门责任，以便加强监督，促进安全监管水平持续提高。

第十八条 【安全生产科学技术研究】国家鼓励和支持安全生产科学技术研究和安全生产先进技术的推广应用，提高安全生产水平。

条文解读

安全生产事故虽然有意外性、偶然性和突发性，但也有一定的规律。要达到预防和减少安全事故的目的，就要努力去发现这种规律，并采取有效措施加以防范。2010 年《国务院关于进一步加强企业安全生产工作的通知》中强调，加快安全生产技术研发，要求企业在年度财务预算中必须确定必要的安全生产投入。

生产经营单位应当以高度负责的态度，努力采用保障生产安全的先进技术；政府及有关部门应当采取有效的措施，鼓励和支持安全生产技术的推广应用。国家要大力推广保障安全生产的新工艺、新设备、新材料等的应用以及信息化建设，努力提高生产经营单位的安全防护水平。

第十九条 【奖励】国家对在改善安全生产条件、防止生产安全事故、参加抢险救护等方面取得显著成绩的单位和个人，给予奖励。

条文解读

根据本条规定，在以下三个方面为安全生产工作作出显著成绩的，由国家给予奖励：（1）在改善安全生产条件方面作出显著成绩的。如通过发明创造、技术革新，发明了新的安全高效的机器、设备、工具等。（2）在防止生产安全事故方面作出显著成绩的。如及时发现、消除了安全事故隐患，防止了重大事故的发生；提出了行之有效的事故预防、控制方法等。（3）参加抢险救护作出显著成绩的。在事故的抢险救护工作中尽职尽责、见义勇为、不怕牺牲、不畏艰险，为抢救国家和人民的生命财产作出重要贡献的。

实务应用

06. 对为安全生产作出贡献进行奖励的方式有哪些？

给予奖励的主体可以是各级人民政府，也可以是政府有关部门。受奖励的主体，可以是单位，也可以是个人。奖励的方式可以是荣誉奖励，如授予安全生产先进单位或者先进工作者等荣誉称号，颁发奖状、奖旗，记功、通令嘉奖等；也可以是物质奖励，如发给奖金，奖励住房等实物；也可以采取对相关人员提职、晋级奖励等方式。这些奖励方式，可以共同采用。除国家层面的奖励外，安全生产单位也应当按照本单位内部的奖惩制度，对在安全生产方面作出显著成绩的集体和个人给予奖励。

案例指引

04. 企业利用宣传册以及网站虚假宣传其所获奖项的颁奖者为国家机关，是否应当接受行政处罚？①

某科技公司的“多功能环境友好型水处理剂”项目于 2011 年 12 月获“中国技术市场协会金桥奖”，该奖项由中国技术市场协会设立、组织评审和颁发。某科技公司在其公司网站上宣称获“国家科技部——中国技术市场‘金桥奖’”，在其自行印制的企业宣传册宣称“荣获国家科技部金桥奖（相当于科技进步二等奖）”等。某区工商局 2013 年 8 月接到举报称某科技公司虚假宣传，于当月 21 日立案调查，于 2014 年 5 月 16 日进行听证，认定某科技公司利用企业宣传册以及网站虚假宣传

---

① 参见《某科技公司与某区工商局行政处罚二审行政判决书》，案号：（2014）锡行终字第 00136 号，载中国裁判文书网。

其所获“金桥奖”的颁奖者为国家科技部，且该“金桥奖”与国家科学技术奖存在对等关系、误导公众的行为违反了《反不正当竞争法》的规定，于7月28日作出行政处罚决定，决定对某科技公司罚款2万元。某科技公司不服，遂诉至法院。

原审法院认为，某区工商局对某科技公司的违法行为认定的事实清楚，定性正确，行政程序合法，裁量适当，适用法律准确，处罚决定应予支持。某科技公司不服，提起上诉。

二审法院认为，本案中，某科技公司项目所获得的“金桥奖”是由中国技术市场协会设立和颁发，有获奖证书、获奖铜牌、中华人民共和国社会力量设立科学技术奖登记证书以及相关法律法规规定等予以证明和明确，但是某科技公司却通过公司网站、宣传册等形式宣称获“国家科技部——中国技术市场‘金桥奖’”“荣获国家科技部金桥奖（相当于科技进步二等奖）”“荣获国家科技部金桥奖（科学技术进步二等奖）”等，客观上易导致公司客户及相关公众产生误解，认为某科技公司所获奖项属于国家科学技术奖行列，某科技公司相关项目及产品的品质、性能得到了国家主管部门的认可。事实上，科技部仅是“金桥奖”以及其他社会力量所设奖励的主管部门，国奖办是日常工作的具体负责部门，与实际奖项的设奖者、承办机构不同，不能视为同一，而国家科学技术进步奖与“金桥奖”更是性质有别，不能相互混同。某区工商局接到举报后，通过调查核实，并征询国奖办的意见，认定某科技公司构成《反不正当竞争法》第9条①规定的虚假宣传行为，作出案涉行政处罚决定，该处罚决定认定事实清楚，适用法律正确，在法定幅度内量罚。

第二章　生产经营单位的安全生产保障

第二十条　【安全生产条件】生产经营单位应当具备本法和

① 现为《反不正当竞争法》第8条。

有关法律、行政法规和国家标准或者行业标准规定的安全生产条件；不具备安全生产条件的，不得从事生产经营活动。

条文解读

本条是关于生产经营单位从事生产经营活动应当具备安全生产条件的规定。生产经营单位要保证生产经营活动安全地进行，防止和减少生产安全事故的发生，必须在生产经营设施、设备、人员素质、管理制度、采用的工艺技术等方面达到相应的要求，具备必要的安全生产条件。

安全生产条件 ➲ 根据《安全生产许可证条例》的规定，国家对矿山企业、建筑施工企业和危险化学品、烟花爆竹、民用爆炸物品生产企业（以下统称企业）实行安全生产许可制度。企业未取得安全生产许可证的，不得从事生产活动。企业取得安全生产许可证，应当具备下列安全生产条件：（1）建立、健全安全生产责任制，制定完备的安全生产规章制度和操作规程；（2）安全投入符合安全生产要求；（3）设置安全生产管理机构，配备专职安全生产管理人员；（4）主要负责人和安全生产管理人员经考核合格；（5）特种作业人员经有关业务主管部门考核合格，取得特种作业操作资格证书；（6）从业人员经安全生产教育和培训合格；（7）依法参加工伤保险，为从业人员缴纳保险费；（8）厂房、作业场所和安全设施、设备、工艺符合有关安全生产法律、法规、标准和规程的要求；（9）有职业危害防治措施，并为从业人员配备符合国家标准或者行业标准的劳动防护用品；（10）依法进行安全评价；（11）有重大危险源检测、评估、监控措施和应急预案；（12）有生产安全事故应急救援预案、应急救援组织或者应急救援人员，配备必要的应急救援器材、设备；（13）法律、法规规定的其他条件。

关联参见

《安全生产许可证条例》第2条、第6条；《危险化学品生产企业安

全生产许可证实施办法》；《烟花爆竹生产企业安全生产许可证实施办法》；《煤矿企业安全生产许可证实施办法》

第二十一条　【单位主要负责人安全生产职责】生产经营单位的主要负责人对本单位安全生产工作负有下列职责：

（一）建立健全并落实本单位全员安全生产责任制，加强安全生产标准化建设；

（二）组织制定并实施本单位安全生产规章制度和操作规程；

（三）组织制定并实施本单位安全生产教育和培训计划；

（四）保证本单位安全生产投入的有效实施；

（五）组织建立并落实安全风险分级管控和隐患排查治理双重预防工作机制，督促、检查本单位的安全生产工作，及时消除生产安全事故隐患；

（六）组织制定并实施本单位的生产安全事故应急救援预案；

（七）及时、如实报告生产安全事故。

条文解读

生产经营单位的主要负责人 ➔ 本条规定的“主要负责人”，一般是指在生产经营单位中起决策作用的领导人，具体要根据实际情况来确定：第一，主要负责人必须是生产经营单位开展生产经营活动的主要决策人，享有本单位生产经营活动包括安全生产事项的最终决定权，全面领导生产经营活动。第二，主要负责人必须是实际领导、指挥生产经营日常活动的决策人。第三，主要负责人必须是能够承担生产经营单位安全生产全面领导责任的决策人。实践中“主要负责人”包括法人单位的法定代表人，如有限责任公司或股份有限公司的董事长，也包括其全面负责日常生产经营活动的总经理，以及非法人单位的依照法律、行政法规和国家有关规定代表单位行使职权的正职领导，如厂长、经理等。当董事长或者总经理长期缺位（因生病、学习等情况不能主持全面领导工作）时，将由其授权或者委托的副职或者其他人全面主持生产经营单位的全面工作，如果在这种情况下发生安全生产违法行为或者生产安全事故需要追究责任时，将长期缺位的董事长或者总经理作为责任人既不合情理又难以执行，只能追究其授权或者委托主持全面工作的实际负责人的法律责任。

安全生产教育和培训计划 ➲ 生产经营单位的安全生产教育和培训计划是根据本单位安全生产状况、岗位特点、人员结构组成，有针对性地规定单位负责人、职能部门负责人、车间主任、班组长、安全生产管理人员、特种作业人员以及其他从业人员的安全生产教育和培训的统筹安排，包括经费保障、教育培训内容以及组织实施措施等内容。

实务应用

07. 在劳动合同中双方约定有包含损害劳动者合法权益的条款，用人单位未采取相应的安全保障措施致使劳动者受伤的，是否承担责任？

《宪法》第 42 条第 2 款规定："国家通过各种途径，创造劳动就业条件，加强劳动保护，改善劳动条件，并在发展生产的基础上，提高劳动报酬和福利待遇。"《劳动法》第 3 条第 1 款规定，劳动者有获得劳动安全卫生保护的权利。第 4 条规定："用人单位应当依法建立和完善规章制度，保障劳动者享有劳动权利和履行劳动义务。"因此，用人单位未采取相应的安全保障措施致使劳动者受伤的，侵害了劳动者的生命健康权，应当依法承担相应的民事责任。《民法典》第 153 条第 1 款规定，违反法律、行政法规的强制性规定的民事法律行为无效。用人单位与劳动者约定的损害劳动者合法权益的条款应为无效条款，不受法律保护。

关联参见

《矿山安全法》第 26 条；《煤炭法》第 33—35 条

第二十二条　【全员安全生产责任制】 生产经营单位的全员安全生产责任制应当明确各岗位的责任人员、责任范围和考核标准等内容。

生产经营单位应当建立相应的机制，加强对全员安全生产责任制落实情况的监督考核，保证全员安全生产责任制的落实。

条文解读

全员安全生产责任制应当做到定岗位、定人员、定安全责任，根据岗位的实际工作情况，确定相应的人员，明确岗位职责和相应的安全生产职责，并明确相应的考核标准。生产经营单位应当根据本单位实际，建立由本单位主要负责人牵头、相关负责人、安全生产管理机构负责人以及人事、财务等相关职能部门人员组成的安全生产责任制监督考核领导机构，协调处理全员安全生产责任制执行中的问题。

第二十三条　【保证安全生产资金投入】 生产经营单位应当具备的安全生产条件所必需的资金投入，由生产经营单位的决策机构、主要负责人或者个人经营的投资人予以保证，并对由于安全生产所必需的资金投入不足导致的后果承担责任。

有关生产经营单位应当按照规定提取和使用安全生产费用，专门用于改善安全生产条件。安全生产费用在成本中据实列支。安全生产费用提取、使用和监督管理的具体办法由国务院财政部门会同国务院应急管理部门征求国务院有关部门意见后制定。

条文解读

生产经营单位的决策机构 ➲ 本条所称的生产经营单位的决策机构，是指对生产经营单位的经营方案和投资计划等重大事项进行决策的机构。对于本条来说，主要是指对安全生产资金投入进行决策的机构，如有限责任公司、股份有限公司的股东会或者董事会。

案例指引

05. 自然人在没有安全生产资金投入和不具备安全生产的条件下，组织人员违法作业，是否应当对其作出行政处罚？[1]

2018 年 2 月 6 日，一大理石荒料堆放场所发生一起车辆伤害事故，造成 1 人重伤。事故发生后，被告某区应急管理局在立案并调查取证后认为，原告谢某安作为该起事故中大理石石块装运项目承包者，在没有安全生产资金投入和不具备安全生产的条件下，组织人员违法作业，其行为违反了《安全生产法》第 20 条[2]之规定，后被告对原告处以罚款 2 万元的行政处罚。谢某安不服，遂向某区人民法院提起行政诉讼。

一审判决认为，被告某区应急管理局对原告处以罚款 2 万元的行政处罚，认定事实清楚，证据确凿，定性准确，适用法律、法规正确，判决驳回原告谢某安的诉讼请求。谢某安不服一审判决，提起上诉。

二审法院认为，本案的争议焦点在于被上诉人作出本案行政处罚是否正确。根据《安全生产违法行为行政处罚办法》第 68 条“本办法所称的生产经营单位，是指合法和非法从事生产或者经营活动的基本单元，包括企业法人、不具备企业法人资格的合伙组织、个体工商户和自然人等生产经营主体”之规定，谢某安作为自然人，属于《安全生产法》规定的生产经营主体。本案中，谢某安在 2018 年 2 月 4 日承接某石材厂大理石石块装运项目，使用叉车作业。《特种设备作业人员监督管理办法》第 2 条第 2 款规定：“从事特种设备作业的人员应当按照本办法的规定，经考核合格取得《特种设备作业人员证》，方可从事相应的作业或者管理工作。”经调查核实，谢某安、卢某球、卢某重均未取得《特种设备作业人员证》，不具备该项目上岗作业资格。2 月 6 日，谢某安在作业中发现自己的叉车坏了之后，安排无证人员作业，且装车费最

---

① 参见《谢某安、某区应急管理局其他二审行政判决书》，案号：（2019）桂 11 行终 45 号，载中国裁判文书网。

② 现为《安全生产法》第 23 条。

后是由谢某安负责给作业人员，谢某安作为承包大理石块项目装运的承接者，没有按规定投入安全生产资金，作业过程无安全防护措施，造成事故，属于安全生产事故。某区应急管理局对本次事故立案调查取证后，履行了告知义务，组织了听证，依据查明的事实和相关法律规定，对上诉人谢某安进行行政处罚并无不当。对上诉人谢某安向法院提交的微信转账凭证，拟证实谢某安在这次事故中没有获取差价额，谢某安将装运的全部权利和义务转给了卢某球和曾某春，经审查，谢某安承接某石材厂大理石石块装运项目后，负责装运和费用的收支，其间由谁完成并不影响其是该项目的承包者，因此对其认为将装运的全部权利和义务转给了卢某球和曾某春的理由法院不予以采信。综上，一审法院认定事实清楚，适用法律正确，审判程序合法，判决驳回谢某安诉讼请求正确，应予维持。

关联参见

《矿山安全法》第32条；《建设工程安全生产管理条例》第22条；《煤矿安全监察条例》

第二十四条　【安全生产管理机构及人员】 矿山、金属冶炼、建筑施工、运输单位和危险物品的生产、经营、储存、装卸单位，应当设置安全生产管理机构或者配备专职安全生产管理人员。

前款规定以外的其他生产经营单位，从业人员超过一百人的，应当设置安全生产管理机构或者配备专职安全生产管理人员；从业人员在一百人以下的，应当配备专职或者兼职的安全生产管理人员。

条文解读

本条是关于生产经营单位设置安全生产管理机构和配备安全生产管理人员的规定。生产经营活动的安全进行，除必要的物质保障和制度保障外，还要从人员上加以保障。因此，对于从事一些危险性较大的行业的生产经营单位或者是从业人员较多的生产经营单位，应当有专门的人员从事安全生产管理工作，对生产经营单位的安全生产工作进行经常性检查，对检查中发现的安全生产问题及时处理，对生产事故隐患及时排除。

安全生产管理机构 ➲ 安全生产管理机构，是指生产经营单位内部设立的专门负责安全生产管理事务的独立的部门。

专职安全生产管理人员 ➲ 专职安全生产管理人员，是指在生产经营单位中专门负责安全生产管理，不再兼作其他工作的人员。

实务应用

08. 生产经营单位在什么情况下应当设置安全生产管理机构，在什么情况下可以配备专职安全生产管理人员？

矿山、金属冶炼、建筑施工、运输单位和危险物品生产、经营、储存、装卸单位从事的生产经营活动危险性比较大，必须成立专门从事安全生产管理工作的机构，或者配备专职安全生产管理人员。具体是设机构还是配备专职人员，根据企业规模决定。

矿山、金属冶炼、建筑施工、运输单位和危险物品的生产、经营、储存、装卸单位外的其他生产经营单位，分两种情况：一是从业人员在100人以上的，规模较大，通常是人员密集，应当设置安全生产管理机构或者配备专职安全生产管理人员。二是从业人员在100人以下的，生产经营规模较小，生产经营活动风险较小，不要求必须设置安全生产管理机构，可以配备专职的安全生产管理人员，也可以配备兼职的安全生产管理人员。

06. 联营船舶的经营管理人员，未依法制定安全作业管理规定，未配备拥有适任证的船员，应当如何处罚？[①]

夏某某等人重大责任事故案

关键词 重大责任事故罪 交通肇事罪 捕后引导侦查 审判监督

要旨

内河运输中发生的船舶交通事故，相关责任人员可能同时涉嫌交通肇事罪和重大责任事故罪，要根据运输活动是否具有营运性质以及相关人员的具体职责和行为，准确适用罪名。重大责任事故往往涉案人员较多，因果关系复杂，要准确认定涉案单位投资人、管理人员及相关国家工作人员等涉案人员的刑事责任。

基本案情

被告人夏某某，男，原“×号”平板拖船股东、经营者、驾驶员。

被告人刘某某，男，原“×号”平板拖船驾驶员、平板拖船联营股东。

被告人左某某，男，原平板拖船联营股东、经营者。

被告人段某某，男，原“×号”平板拖船联营股东、经营者。

被告人夏英某，男，原“×号”平板拖船股东、经营者。

2012年3月，在左某某的召集下，“×号”等四艘平板拖船的股东夏某某、刘某某、段某某、伍某某等十余人经协商签订了联营协议，左某某负责日常经营管理及财务，并与段某某共同负责船只调度；夏某某、夏英某、刘某某负责“×号”平板拖船的具体经营。在未依法取得船舶检验合格证书、船舶登记证书、水路运输许可证、船舶营业运输证等经营资质的情况下，上述四艘平板拖船即在湖南省安化县资江河段部分水域进行货运车辆的运输业务。

---

① 最高人民检察院检例第97号。

2012年12月8日晚12时许，按照段某某的调度安排，夏某某、刘某某驾驶的“×号”在安化县烟溪镇十八渡码头搭载四台货运车，经资江水域柘溪水库航道前往安化县平口镇。因“×号”无车辆固定装置，夏某某、刘某某仅在车辆左后轮处塞上长方形木条、三角木防止其滑动，并且未要求驾乘人员离开驾驶室实行“人车分离”。次日凌晨3时许，“×号”行驶至平口镇安平村河段时，因刘某某操作不当，船体发生侧倾，致使所搭载的四台货运车辆滑入柘溪水库，沉入水中。该事故造成10名司乘人员随车落水，其中9人当场溺亡，直接经济损失100万元。

检察机关履职过程

（一）捕后引导侦查

事故发生后，“×号”驾驶员夏某某、刘某某主动投案，安化县公安局对二人以涉嫌重大责任事故罪立案侦查，经检察机关批准，对二人采取逮捕措施。安化县人民检察院审查批准逮捕时认为，在案证据仅能证明事故经过及后果，而证明联营体的组建、经营管理及是否违反安全生产规定的证据尚未到位。作出批捕决定的同时，提出详细的继续取证提纲，要求公安机关进一步查清四艘平板拖船的投资、经营管理情况及联营协议各方是否制定并遵守相关安全生产管理规定等。后公安机关补充完善了上述证据，对夏某某、刘某某以涉嫌重大责任事故罪向安化县人民检察院移送起诉。

（二）指控和证明犯罪

安化县人民检察院经审查，对夏某某、刘某某以涉嫌重大责任事故罪向安化县人民法院提起公诉。安化县人民法院公开开庭审理此案，庭审中，辩护律师辩称：该案若定性为重大责任事故罪，刘某某不是事故船舶股东，应宣判无罪；若定性为交通肇事罪，夏某某不是肇事驾驶员，也没有指使或强令违章驾驶行为，应宣判无罪。对此，公诉人出示事故调查报告、其他股东等证人证言、收据等证据，指出刘某某既是联营船舶的股东，又接受联营组织安排与夏某某一起负责经营管理“×

号”；夏某某、刘某某在日常经营管理中，实施了非法运输、违规夜间航行、违规超载、无证驾驶或放任无证驾驶等违反安全管理规定的行为，二人均构成重大责任事故罪。安化县人民法院经审理认为该案是在公共交通管理范围内发生的水上交通事故，遂改变定性以交通肇事罪认定罪名。

（三）提出抗诉

检察机关审查后认为一审判决认定罪名有误，遂以一审判决适用法律确有错误为由，依法提出抗诉。主要理由：（1）联营船舶非法营运，长期危险作业。一是四艘船舶系左某某、夏某某、刘某某等股东分别委托他人非法制造，均未取得船舶检验合格证书、船舶登记证书、水路运输许可证、船舶营业运输证等经营资质，非法从事货运车辆运输经营。二是违反规定未配备适格船员。联营协议仅确定了利益分配方案和经营管理人员，左某某、段某某作为联营组织的管理人员，夏英某、夏某某、刘某某作为联营船舶的经营管理人员，违反《中华人民共和国安全生产法》《中华人民共和国内河交通安全管理条例》等规定，未制定安全作业管理规定，未配备拥有适任证的船员。三是联营船舶长期危险作业。未按规定组织船员参加安全生产教育培训，未在船舶上设置固定货运车辆的设施和安全救援设施，且无视海事、交通管理等部门多次作出的停航等行政处罚，无视“禁止夜间渡运、禁止超载、货运车辆人车分离”等安全规定，甚至私自拆除相关部门在船舶上加装的固定限载措施，长期危险营运。（2）夏某某、刘某某系“×号”经营管理人员和驾驶人员，认定重大责任事故罪更能全面准确评价二人的行为。夏某某、刘某某是联营船舶经营管理人员，对上述违规和危险作业情况明知，且长期参与营运，又是事故当晚驾驶人员，实施了超载运输、无证驾驶、超速行驶等违规行为，二人同时违反了有关安全管理的规定和交通运输法规，因而发生重大事故，由于联营船舶运输活动具有营运性质，是生产经营活动，不仅是交通运输，以重大责任事故罪认定罪名更为准确，更能全面评价二人的行为。益阳市中级人民法院二审改变一审罪名认定，支持检察机关抗诉意见。

（四）依法追究股东等管理人员的刑事责任

事故发生后，公安机关分别对左某某、夏英某、段某某等股东以非法经营罪立案侦查，并提请安化县人民检察院批准逮捕。安化县人民检察院审查后，认为缺少事故调查报告、犯罪嫌疑人明知存在安全隐患等方面证据，以事实不清、证据不足为由不批捕。公安机关遂变更强制措施为监视居住，期满后解除，后3人逃匿。公安机关于2015年4月1日对该3人决定刑事拘留并上网追逃。左某某于2016年8月1日被抓获归案，段某某、夏英某分别于2017年11月4日、5日主动投案。后公安机关以涉嫌重大责任事故罪分别将3人移送安化县人民检察院审查起诉。

安化县人民检察院经审查认为，该起事故是联营船舶长期以来严重违反相关安全管理规定危险作业造成的，左某某系联营的召集者，负责日常经营管理、调度及会计事务；段某某实际履行调度职责，且在案发当晚调度事故船只“×号”承载业务；夏英某系事故船舶“×号”的主要经营管理人员，3人对事故发生均负有重要责任，均涉嫌构成重大责任事故罪，先后于2016年12月28日对左某某、2018年8月10日对段某某、夏英某向安化县人民法院提起公诉。此外，对于伍某某等其他联营股东，检察机关审查后认为，其或者未参与经营、管理，或者仅负责“×号”外其他联营船舶的经营、管理，不能认定其对事故的发生负有主要责任或者直接责任，可不予追究刑事责任。

法院审理阶段，左某某及其辩护律师在庭审中，提出联营船舶风险各自承担、左某某不是管理者、联营体已于案发前几天即2012年12月4日解散等辩解。公诉人指出，尽管夏英某、段金某等股东的证言均证实左某某与夏英某于2012年12月4日在电话联系时发生争执并声称要散伙，但股东之间并未就解散进行协商；且左某某记载的联营账目上仍记载了2012年12月5日“×号”加油、修理等经营费用。因此，左某某是联营体管理者，事故发生时联营体仍处于存续状态。法院采纳了检察机关的意见。

（五）处理结果

2015 年 8 月 20 日，安化县人民法院以交通肇事罪分别判处夏某某、刘某某有期徒刑四年六个月。安化县人民检察院抗诉后，益阳市中级人民法院于 2015 年 12 月 21 日以重大责任事故罪分别判处夏某某、刘某某有期徒刑四年六个月。判决已生效。2017 年 5 月 25 日，安化县人民法院以重大责任事故罪判处左某某有期徒刑三年，左某某提起上诉，二审发回重审，该院作出相同判决，左某某再次上诉后，二审法院裁定维持原判。2018 年 9 月 19 日，安化县人民法院以重大责任事故罪分别判处段某某、夏英某有期徒刑三年，缓刑五年。二人未上诉，判决已生效。

事故发生后，负有监管责任的相关国家工作人员被依法问责。安化县地方海事处原副主任刘雄某、航道股股长姜某某等 6 人，因负有直接安全监管责任，未认真履行职责，或在发现重大安全隐患后没有采取积极、有效的监管措施，被追究玩忽职守罪的刑事责任。安化县交通运输局原党组成员、工会主席余某某等 9 人分别被给予警告、严重警告、记过、撤职等党政纪处分。

指导意义

（一）准确适用交通肇事罪与重大责任事故罪。两罪均属危害公共安全犯罪，前罪违反的是“交通运输法规”，后罪违反的是“有关安全管理的规定”。一般情况下，在航道、公路等公共交通领域，违反交通运输法规驾驶机动车辆或者其他交通工具，致人伤亡或者造成其他重大财产损失，构成犯罪的，应认定为交通肇事罪；在停车场、修理厂、进行农耕生产的田地等非公共交通领域，驾驶机动车辆或者其他交通工具，造成人员伤亡或者财产损失，构成犯罪的，应区分情况，分别认定为重大责任事故罪、重大劳动安全事故罪、过失致人死亡罪等罪名。需要指出的是，对于从事营运活动的交通运输组织来说，航道、公路既是公共交通领域，也是其生产经营场所，“交通运输法规”同时亦属交通运输组织的“安全管理的规定”，交通运输活动的负责人、投资人、驾驶人员等违反有关规定导致在航道、公路上发生交通事故，造成人员伤亡或者财产损失的，可能同时触犯交通肇事罪与重大责任事故罪。鉴于两罪前两档法定刑均为七年以下有期徒刑（交通肇事罪有因逃逸致人死亡判处七年以上有期徒刑的第三档法定刑），要综合考虑行为人对交通运输活动是否负有安全管理职责、对事故发生是否负有直接责任、所实施行为违反的主要是交通运输法规还是其他安全管理的法规等，准确选择适用罪名。具有营运性质的交通运输活动中，行为人既违反交通运输法规，也违反其他安全管理规定（如未取得安全许可证、经营资质、不配备安全设施等），发生重大事故的，由于该类运输活动主要是一种生产经营活动，并非单纯的交通运输行为，为全面准确评价行为人的行为，一般可按照重大责任事故罪认定。交通运输活动的负责人、投资人等负有安全监管职责的人员违反有关安全管理规定，造成重大事故发生，应认定为重大责任事故罪；驾驶人员等一线运输人员违反交通运输法规造成事故发生的，应认定为交通肇事罪。

（二）准确界定因果关系，依法认定投资人、实际控制人等涉案人员及相关行政监管人员的刑事责任。危害生产安全案件往往多因一果，涉案人员较多，既有直接从事生产、作业的人员，又有投资人、实际控制人等，还可能涉及相关负有监管职责的国家工作人员。投资人、实际控制人等一般并非现场作业人员，确定其行为与事故后果之间是否存在刑法意义上的因果关系是个难点。如果投资人、实际控制人等实施了未取得经营资质和安全生产许可证、未制定安全生产管理规定或规章制度、不提供安全生产条件和必要设施等不履行安全监管职责的行为，在此情况下进行生产、作业，导致发生重大伤亡事故或者造成其他严重后果的，不论事故发生是否介入第三人违规行为或者其他因素，均不影响认定其行为与事故后果之间存在刑法上的因果关系，应当依法追究其刑事责任。对发案单位的生产、作业负有安全监管、查处等职责的国家工作人员，不履行或者不正确履行工作职责，致使发案单位违规生产、作业或者危险状态下生产、作业，发生重大安全事故的，其行为也是造成危害结果发生的重要原因，应以渎职犯罪追究其刑事责任。

相关规定

《中华人民共和国刑法》第一百三十三条、第一百三十四条第一款

《最高人民法院、最高人民检察院关于办理危害生产安全刑事案件适用法律若干问题的解释》第一条

《中华人民共和国安全生产法》（2009 年）第二、四、五、十六、十七、十八、四十九、五十、五十一条①

《中华人民共和国内河交通安全管理条例》（2011 年）第六、九、十五、二十一、二十二条

关联参见

《安全生产许可证条例》第 6 条；《烟花爆竹安全管理条例》第 8 条；《建设工程安全生产管理条例》第 23 条；《建筑施工企业主要负责人、项目负责人和专职安全生产管理人员安全生产管理规定》第 2—3 条、第 19—22 条；《国务院关于进一步加强安全生产工作的决定》第 10 条

第二十五条　【安全生产管理机构及人员的职责】 生产经营单位的安全生产管理机构以及安全生产管理人员履行下列职责：

（一）组织或者参与拟订本单位安全生产规章制度、操作规程和生产安全事故应急救援预案；

（二）组织或者参与本单位安全生产教育和培训，如实记录安全生产教育和培训情况；

（三）组织开展危险源辨识和评估，督促落实本单位重大危险源的安全管理措施；

---

① 现分别为《安全生产法》第 2、4、5、19、20、21、52、53、54 条。

（四）组织或者参与本单位应急救援演练；

（五）检查本单位的安全生产状况，及时排查生产安全事故隐患，提出改进安全生产管理的建议；

（六）制止和纠正违章指挥、强令冒险作业、违反操作规程的行为；

（七）督促落实本单位安全生产整改措施。

生产经营单位可以设置专职安全生产分管负责人，协助本单位主要负责人履行安全生产管理职责。

条文解读

安全生产管理机构和安全生产管理人员根据生产经营单位主要负责人的安排和担负的职责义务，承担组织制定安全生产规章制度、安全生产教育和培训、危险源辨识评估和安全管理、应急救援演练、排查生产安全事故隐患、制止和纠正违章指挥、督促整改等方面的职责。

生产经营单位可以根据实际情况，设置专职安全生产分管负责人，一些地方已经规定高危企业应当设置安全生产总监，协助主要负责人履行本单位安全生产管理职责。

重大危险源 ➲ 重大危险源，根据本法第 117 条的规定，是指长期地或者临时地生产、搬运、使用或者储存危险物品，且危险物品的数量等于或者超过临界量的单元（包括场所和设施）。当然，构成重大危险源，还必须是危险物品的数量等于或者超过临界量。所谓临界量，是指一个数值，当某种危险物品的数量达到或者超过这个数值时，就有可能发生危险。根据定义，重大危险源是危险物品大量聚集的地方，具有较大的危险性，而且一旦发生生产安全事故，将会对从业人员及相关人员的人身和财产安全造成比较大的损害。生产经营单位对重大危险源应当严格登记建档，采取有效的防护措施，并定期进行检查、检测、评估；有些重大危险源较多，情况严重的生产经营单位，还应当建立专门的安全监控系统，对重大危险源实施不间断的监控。

实务应用

09. 安全生产管理机构以及安全生产管理人员应如何排查安全事故隐患？

安全生产管理机构以及安全生产管理人员的根本职责就是及时排查生产安全事故隐患。安全生产管理机构应当根据本单位生产经营特点、风险分布、危害因素的种类和危害程度等情况，制订检查工作计划，明确检查对象、任务和频次。安全生产管理机构以及安全生产管理人员应当有计划、有步骤地巡查、检查本单位每个作业场所、设备、设施，不留死角。对于安全风险大、容易发生生产安全事故的地点，应当加大检查频次。对于检查中发现的生产安全事故隐患，应当要求立即整改或排除；不能立即整改或排除的，要求暂时停止作业或施工，责令有关业务部门、车间、班组提出整改措施，限期整改；如果有可能发生生产安全事故，危及从业人员生命健康的，应立即采取撤离从业人员到安全地点的措施；对于迟迟未整改完成的事故隐患，应当及时向本单位主要负责人或者主管安全生产工作的负责人报告。在排查生产安全事故隐患的过程中，发现本单位在安全生产管理、技术、装备、人员等方面存在问题的，安全生产管理机构以及安全生产管理人员有责任及时提出改进的建议。

案例指引

07. 生产经营单位的负责人明知存在事故隐患，强令生产、作业人员违章冒险作业，导致发生重大事故的，如何处理？①

李某 2014 年 9 月成立江苏无锡某运输公司从事货物运输业务，担任公司实际经营人和负责人，全面负责公司经营管理。王某华 2019 年 4

---

① 参见《人民法院、检察机关依法惩治危害生产安全犯罪典型案例》（2022 年 12 月 15 日发布），李某、王某华、焦某东等强令违章冒险作业、重大责任事故案，载最高人民法院网 https：//www. court. gov. cn/zixun-xiangqing-383601. html，最后访问日期：2023 年 5 月 9 日。

月应聘成为该运输公司驾驶员，同年6月底与李某合伙购买苏BQ71××号重型半挂牵引车（牵引苏BG9××挂号重型平板半挂车），约定利润平分，王某华日常驾驶该车；焦某东2019年5月底应聘成为运输公司驾驶员，驾驶苏BX80××号重型半挂牵引车（牵引苏BZ0××挂号重型平板半挂车）。李某违反法律法规关于严禁超载的规定，在招聘驾驶员时明确告知对方称公司需要招聘能够“重载”（严重超载）的驾驶员，驾驶员表示能够驾驶超载车辆才同意入职；在公司购买不含轮胎的货车后，通过找专人安装与车辆轮胎登记信息不一致且承重力更好的钢丝胎、加装用于给刹车和轮胎降温的水箱等方式，对公司货运车辆进行非法改装以提高承载力。经营期间，该运输公司车辆曾被运管部门查出多次超载运输，并曾因超载运输被交通运输管理部门约谈警告、因超载运输导致发生交通事故被判决承担民事赔偿责任，李某仍然指挥、管理驾驶员继续严重超载，且在部分驾驶员提出少超载一些货物时作出解聘驾驶员的管理决定。2019年10月10日，王某华、焦某东根据公司安排到码头装载货物，焦某东当日下午驾驶苏BX80××号重型半挂牵引车牵引苏BZ0××挂号重型平板半挂车（核载质量32吨）装载7轧共重157.985吨的钢卷先离开码头，王某华随后驾驶苏BQ71××号重型半挂牵引车牵引苏BG9××挂号重型平板半挂车（核载质量29吨）装载6轧共重160.855吨的钢卷离开码头。当日18时许，焦某东、王某华驾车先后行驶通过312国道某路段上跨桥左侧车道时桥面发生侧翻，将桥下道路阻断。事故发生时焦某东刚驶离上跨桥桥面侧翻段，王某华正驾车通过上跨桥桥面侧翻段，车辆随侧翻桥面侧滑靠至桥面护栏，致王某华受伤。事故造成行驶在侧翻桥面路段上的车辆随桥面滑落，在桥面路段下方道路上行驶的车辆被砸压，导致3人死亡、9辆机动车不同程度损坏。经鉴定，被毁桥梁价值约2422567元，受损9辆车辆损失共计229015元。经事故调查组调查认定，事故直接原因为，两辆重型平板半挂车严重超载、间距较近（荷载分布相对集中），偏心荷载引起的失稳效应远超桥梁上部结构稳定效应，造成桥梁支座系统失效，梁体和墩柱之间产生相对滑动和转动，从而导致梁体侧向滑移倾覆触地。事故发生后，焦某东向公安机关自动投案并如实供述了自己的罪行。

江苏省无锡市锡山区人民检察院对李某以强令违章冒险作业罪，对王某华、焦某东和其他被告人以重大责任事故罪提起公诉。无锡市锡山区人民法院经审理认为，李某明知存在事故隐患、继续作业存在危险，仍然违反有关安全管理的规定，利用组织、指挥、管理职权强制他人违章作业，因而发生重大伤亡事故，行为已构成强令违章冒险作业罪，情节特别恶劣；王某华、焦某东在生产、作业中违反有关安全管理的规定，因而发生重大伤亡事故，行为均构成重大责任事故罪，情节特别恶劣。李某已经发现事故隐患，经有关部门提出后仍不采取措施，酌情从重处罚；焦某东有自首情节，依法从轻处罚。据此，依照经 2006 年《刑法修正案（六）》修正的《刑法》第 134 条第 2 款的规定，以强令违章冒险作业罪判处李某有期徒刑七年；以重大责任事故罪分别判处王某华、焦某东有期徒刑三年六个月和有期徒刑三年三个月。对其他被告人依法判处相应刑罚。一审宣判后，李某、王某华、焦某东提出上诉，后李某、王某华在二审期间申请撤回上诉。无锡市中级人民法院裁定准许李某、王某华撤回上诉，对焦某东驳回上诉、维持原判。

对生产、作业负有组织、指挥或者管理职责的人员出于追求高额利润等目的，明知存在事故隐患，违背生产、作业人员的主观意愿，强令生产、作业人员违章冒险作业，极易导致发生重大事故，社会危害性大，应当予以从严惩处。《刑法修正案（六）》增设的《刑法》第 134 条第 2 款规定了强令违章冒险作业罪，“两高”《关于办理危害生产安全刑事案件适用法律若干问题的解释》第 5 条对强令违章冒险作业罪的行为方式作了列举式规定。《刑法修正案（十一）》对《刑法》第 134 条第 2 款规定的行为进行了扩充，罪名修改为强令、组织他人违章冒险作业罪。实践中，对生产、作业负有组织、指挥或者管理职责的人员虽未采取威逼、胁迫、恐吓等手段，但利用自己的组织、指挥、管理职权强制他人违章作业的，也可以构成强令违章冒险作业罪（强令他人违章冒险作业罪）。对于受他人强令违章冒险作业的一线生产、作业人员，应当综合考虑其所受到强令的程度、各自行为对引发事故所起作用大小，依法确定刑事责任。

关联参见

《建筑施工企业主要负责人、项目负责人和专职安全生产管理人员安全生产管理规定》第19—22条

第二十六条　【履职要求与履职保障】生产经营单位的安全生产管理机构以及安全生产管理人员应当恪尽职守，依法履行职责。

生产经营单位作出涉及安全生产的经营决策，应当听取安全生产管理机构以及安全生产管理人员的意见。

生产经营单位不得因安全生产管理人员依法履行职责而降低其工资、福利等待遇或者解除与其订立的劳动合同。

危险物品的生产、储存单位以及矿山、金属冶炼单位的安全生产管理人员的任免，应当告知主管的负有安全生产监督管理职责的部门。

条文解读

本条是关于安全生产管理机构以及安全生产管理人员履职要求和履职保障的规定。

恪尽职守是安全生产管理人员应当具备的最基本的道德素质。恪尽职守，是指安全生产管理人员应当充分认识自己肩负的重大职责，对工作尽职尽责，积极、主动、认真、谨慎地依法履行各项安全生产管理职责，完成各项工作任务。既不能不履行职责，对生产经营单位存在的安全生产问题不闻不问，也不能视职责为儿戏，马马虎虎，敷衍了事，使安全管理和现场检查流于形式。这里讲的依法履行职责，即指依照本法和其他有关法律、法规、规章的规定履行职责。

生产经营单位的经营决策，是指决定本单位的生产经营目标和达到生产经营目标的战略和策略，即决定做什么和如何去做的过程。安全生产的经营决策，是指决定本单位安全生产经营目标和达到安全生产经营目标的战略和策略，即实现生产经营单位科学发展、安全发展的战略和策略。这些战略和策略包括：安全投入计划，新建、改建、扩建建设项目计划，重大设备、设施换代更新计划，重大生产工艺流程改变计划，生产经营布局调整措施，生产经营场所、项目、设备的发包出租计划等。生产经营单位作出这些涉及生产经营活动的安全生产决策时，应当听取安全生产管理机构以及安全生产管理人员的意见。这是生产经营单位的一项义务，是加强安全生产工作、从源头治理的治本之策，必须认真执行。

实务应用

10. “应当告知主管的负有安全生产监督管理职责的部门”是一种审批程序吗?

本条第 4 款规定，危险物品的生产、储存单位以及矿山、金属冶炼单位的安全生产管理人员的任免，应当告知主管的负有安全生产监督管理职责的部门。这里讲的告知，仅是向主管的负有安全生产监督管理职责的部门告知，不是审批，而是一种告知性备案。

案例指引

08. 为谋取非法利益，在未取得批准、许可的情况下，擅自从事危险物品经营、存储等高度危险的生产作业活动，引发事故的，如何处理?[①]

2021 年 6 月起，高某海为谋取非法利益，在未经相关机关批准的情

---

① 参见《人民法院、检察机关依法惩治危害生产安全犯罪典型案例》（2022 年 12 月 15 日发布），高某海等危险作业案，载最高人民法院网 https：//www. court. gov. cn/zixun-xiangqing-383601. html，最后访问日期：2023 年 5 月 9 日。

况下，通过熊某华租用熊乙位于贵州省贵阳市白云区沙文镇扁山村某组×××号的自建房屋，擅自存储、销售汽油。后熊某华、熊甲和熊乙见有利可图，便购买高某海储存的汽油分装销售，赚取差价。同年12月13日20时许，高某海因操作不当引发汽油燃爆，导致高某海本人面部、四肢多处被烧伤，自有的某牌轿车及存储汽油房屋局部被烧毁。

贵州省贵阳市公安局白云分局以涉嫌危险作业罪对高某海、熊某华、熊甲、熊乙立案侦查，后移送贵阳市白云区人民检察院审查起诉。贵阳市白云区人民检察院经审查认为，高某海、熊某华、熊甲、熊乙违反安全管理规定，在未取得批准、许可的情况下，擅自从事危险物品经营、存储等高度危险的生产作业活动，并已引发事故，具有发生重大伤亡事故的现实危险，行为已符合危险作业罪的构成要件。熊某华、熊甲、熊乙三人参与犯罪时间较短，在犯罪中主要负责提供犯罪场所、协助分装销售汽油，系初犯，具有认罪认罚情节，犯罪情节轻微，对熊某华、熊甲、熊乙作出不起诉决定，以危险作业罪对高某海提起公诉。贵阳市白云区人民法院以危险作业罪判处高某海有期徒刑7个月。宣判后无上诉、抗诉，判决已生效。

根据《危险化学品目录（2015版）》规定，汽油属于危险化学品。根据《危险化学品安全管理条例》第33条的规定，国家对危险化学品经营实行许可制度，未经许可，任何单位和个人不得经营危险化学品。销售、储存汽油均应取得相应证照，操作人员应当经过专业培训、规范操作，储存汽油应当具备相应条件。司法机关在办理具体案件过程中，对于行为人在未经专业培训、无经营资质、无专业设备、无安全储存条件、无应急处理能力情况下，在居民楼附近擅自从事危险物品生产、经营、储存等高度危险的生产作业活动，并由于不规范操作造成行为人本人重度烧伤、周围物品烧毁的后果的，综合考虑其行为方式、案发地点及危害后果，可以认定为《刑法》第134条之一危险作业罪中“具有发生重大伤亡事故或者其他严重后果的现实危险”。同时，应当注意区别对待，对于其他为行为人提供便利条件、参与分装赚取差价的人员，综合考虑其在共同犯罪中所起作用以及认罪认罚等情节，可以依法作出不起诉决定，体现宽严相济刑事政策。

第二十七条 【安全生产知识与管理能力】生产经营单位的主要负责人和安全生产管理人员必须具备与本单位所从事的生产经营活动相应的安全生产知识和管理能力。

危险物品的生产、经营、储存、装卸单位以及矿山、金属冶炼、建筑施工、运输单位的主要负责人和安全生产管理人员，应当由主管的负有安全生产监督管理职责的部门对其安全生产知识和管理能力考核合格。考核不得收费。

危险物品的生产、储存、装卸单位以及矿山、金属冶炼单位应当有注册安全工程师从事安全生产管理工作。鼓励其他生产经营单位聘用注册安全工程师从事安全生产管理工作。注册安全工程师按专业分类管理，具体办法由国务院人力资源和社会保障部门、国务院应急管理部门会同国务院有关部门制定。

条文解读

生产经营单位的主要负责人要组织、领导本单位的安全生产管理工作，并承担保证安全生产的责任；安全生产管理人员是直接、具体承担本单位日常的安全生产管理工作的人员。这两类人员都应当具备相应的知识和能力。

危险物品的生产、经营、储存、装卸单位以及矿山、金属冶炼、建筑施工、运输单位专业性强、危险性大，属于事故多发的领域，对这类生产经营单位的主要负责人和安全生产管理人员，应当通过考核等手段，确保安全生产知识和能力符合要求。为防止主管部门借考核营利，增加企业负担，法律规定了考核不得收费。

注册安全工程师 ➲ 注册安全工程师，是指取得中华人民共和国注册安全工程师执业资格证书，在生产经营单位从事安全生产管理、安全技术工作或者在安全生产中介机构从事安全生产专业服务工作，并按照本规定注册取得中华人民共和国注册安全工程师执业证和执业印章的人员。危险物品的生产、储存、装卸单位以及矿山、金属冶炼单位应当配备注册安全工程师从事安全生产管理工作。

实务应用

11. 如何确定是否具备与“所从事的生产经营活动相应的安全生产知识和管理能力”？

确定“相应的安全生产知识和管理能力”，既要考虑单位的生产经营范围，又要考虑经营规模，还要考虑单位的性质、危险程度等因素。一般来说，生产经营单位的主要负责人应当具备下列条件：（1）熟悉和了解并能认真贯彻国家有关安全生产的法律、法规、规章、方针政策以及与本单位有关的安全标准。（2）基本掌握安全分析、安全决策及事故预测和防护知识，具有审查安全建设规划、计划、大中型施工方案的安全决策知识。（3）具有一定的文化程度，受过一定的安全技术培训，具有一定的从事本行业工作的经验，基本熟悉和掌握对本单位所从事的生产经营活动必需的安全知识。（4）具有一定的组织管理能力，能较好地组织和领导本单位的安全生产工作。

关联参见

《注册安全工程师管理规定》第3—6条；《建筑施工企业主要负责人、项目负责人和专职安全生产管理人员安全生产管理规定》第5—13条

第二十八条　【安全生产教育和培训】生产经营单位应当对从业人员进行安全生产教育和培训，保证从业人员具备必要的安全生产知识，熟悉有关的安全生产规章制度和安全操作规程，掌握本岗位的安全操作技能，了解事故应急处理措施，知悉自身在安全生

产方面的权利和义务。未经安全生产教育和培训合格的从业人员，不得上岗作业。

生产经营单位使用被派遣劳动者的，应当将被派遣劳动者纳入本单位从业人员统一管理，对被派遣劳动者进行岗位安全操作规程和安全操作技能的教育和培训。劳务派遣单位应当对被派遣劳动者进行必要的安全生产教育和培训。

生产经营单位接收中等职业学校、高等学校学生实习的，应当对实习学生进行相应的安全生产教育和培训，提供必要的劳动防护用品。学校应当协助生产经营单位对实习学生进行安全生产教育和培训。

生产经营单位应当建立安全生产教育和培训档案，如实记录安全生产教育和培训的时间、内容、参加人员以及考核结果等情况。

条文解读

安全生产教育和培训 ➲ 生产经营单位应当按照本单位安全生产教育和培训计划的总体要求，结合各个工作岗位的特点，科学、合理安排教育和培训工作。采取多种形式开展教育培训，包括组织专门的安全教育培训班、作业现场模拟操作培训、召开事故现场分析会等，确保取得实效。

生产经营单位应当打破被派遣劳动者与本单位从业人员的区别，严格按照岗位特点、人员结构、新员工或者调换工种人员等情况，统一组织安全生产教育和培训，包括对被派遣劳动者进行岗位安全操作规程和安全操作技能的教育和培训，保证相同岗位，相同人员（被派遣劳动者和从业人员）达到同等的水平。

生产经营单位接收中等职业学校、高等学校学生实习的，应当根据本单位生产经营的特点、各种危险性的状况，对实习学生进行相应的安全生产教育和培训，并提供必要的劳动防护用品。学校作为实习学生的管理方，应当协助和配合生产经营单位对实习学生进行安全生产教育和培训。

安全生产教育和培训档案应当详细记录每位从业人员参加安全生产教育培训的时间、内容、考核结果以及复训情况等，包括按照规定参加政府组织的安全培训的主要负责人、安全生产管理人员和特种作业人员的情况。

案例指引

09. 生产经营单位未组织安全生产教育和培训，是否应当对其作出行政处罚?[①]

某材料公司诉重庆市某区安监局、市安监局
行政处罚及行政复议检察监督案

关键词　行政争议实质性化解　行政处罚　释法说理

要旨

人民检察院办理行政诉讼监督案件，应当在履行法律监督职责中开展行政争议实质性化解工作，促进案结事了。人民检察院化解行政争议应当注重释法说理，有效回应当事人诉求，解心结、释法结。

基本案情

2017年5月，重庆某防火材料有限公司（以下简称材料公司）与重庆某建设有限公司（以下简称建设公司）签订产品购销合同，约定材料公司向建设公司承建的某项目提供防火卷帘门，并负责安装调试。2017年8月18日，材料公司职工程某到现场对车库防火卷帘门进行安装调试时，承担其他施工任务的某装饰设计工程公司（以下简称设计公司）职工苟某因施工放线需要，按动卷帘门起升启动按钮，导致程某卷入卷帘门窒息死亡。

2017年9月26日，重庆市某区城乡建设委员会依据《重庆市建筑管理条例》第四十七条、第六十六条之规定，对建设公司作出责令停止

---

① 最高人民检察院检例第116号。

施工和罚款3万元的行政处罚。2018年1月26日，重庆市某区安全生产监督管理局（以下简称区安监局）认为材料公司没有按照公司《安全生产管理制度》的要求对工人开展安全教育；在调试防火卷帘门时未在开关处设置警示标志，违反了《中华人民共和国安全生产法》第二十五条①第一款和第三十二条②的规定，依据该法第一百零九条③第（一）项的规定作出行政处罚决定，对材料公司罚款28万元；依据该法第九十二条④第（一）项的规定分别对材料公司法定代表人冯某罚款1万余元、对建设公司项目经理罚款2万余元；依据《重庆市安全生产条例》第五十八条的规定对监理公司经理罚款1万余元。材料公司不服行政处罚决定，向市安监局申请行政复议。2018年5月10日，市安监局作出行政复议决定，维持区安监局行政处罚决定。

2018年5月25日，材料公司向人民法院提起行政诉讼，请求撤销区安监局作出的行政处罚决定和市安监局作出的行政复议决定。人民法院一审认为，材料公司派员到现场配合购货方完成产品消防自检属于生产经营活动，负有安全生产管理的义务，材料公司的违法行为系造成安全生产事故的直接原因，对此次事故的发生负有责任，区安监局作出的行政处罚决定事实清楚、证据充分，程序合法，适用法律法规正确，市安监局作出的复议决定程序合法，并无不当，遂于2018年11月19日判决驳回材料公司的诉讼请求。

材料公司不服一审判决，向重庆市第一中级人民法院提起上诉，该院二审判决驳回上诉，维持原判。材料公司向重庆市高级人民法院申请再审，该院于2019年9月2日裁定驳回材料公司的再审申请。

检察机关履职情况

案件来源。材料公司以案涉行政处罚决定违法以及原审法院判决不

---

① 现为《安全生产法》第28条，下同。
② 现为《安全生产法》第35条，下同。
③ 现为《安全生产法》第114条，下同。
④ 现为《安全生产法》第95条。

当为由，于 2019 年 10 月 23 日向重庆市人民检察院第一分院申请监督，检察机关依法受理，并由副检察长作为承办检察官办理。

调查核实。为查明原审判决和被诉行政处罚决定是否合法，检察机关在阅卷审查的基础上进行了以下调查核实工作：一是对区安监局所作行政处罚进行调卷审查；二是听取材料公司法定代表人冯某申请监督意见和理由，询问了解案涉安全生产事故发生详细过程及材料公司职工程某工伤死亡赔偿情况。检察机关查明，根据产品购销合同约定，防火卷帘门调试作业属于材料公司生产经营活动，材料公司对其生产经营活动应承担相应的安全生产管理责任；事故发生的直接原因系程某违章操作、未设置警示标志，间接原因系材料公司安全教育培训不到位、建设公司项目经理履职不到位、监理单位现场协调不到位，某区城乡建设委员会依法对建设公司作出了处理，法院判决认定材料公司违法行为系事故发生直接原因，应承担责任，并无不当。在社会保险机构支付工伤死亡赔偿金的基础上，材料公司补助死亡职工家属 24 万元。

释法说理。面对承办检察官，冯某坚持认为行政处罚不公，案涉事故的生产经营组织者系建设公司，事故发生系第三方（设计公司）违规操作直接导致，与材料公司没有直接因果关系，材料公司也是受害者，所受处罚过重。鉴于此案涉及民营企业和多方责任，经过行政复议、一审、二审、再审多次处理，材料公司始终不服，申请监督后，对检察机关的审查意见仍然不服，重庆市人民检察院向最高人民检察院请示。最高人民检察院领导高度重视，经审阅案卷后赴重庆与承办检察官共同接待材料公司法定代表人冯某及委托代理人邹某。在当面听取申请人的意见和诉求后，最高人民检察院领导分析了行政处罚和人民法院判决的合法性、合理性，指出安装调试防火卷帘门是材料公司履行合同义务的生产经营活动，材料公司负有安全生产管理责任；该事故属于综合责任事故，相关行政机关在裁量范围内依法对材料公司、建设公司、监理方都作了处罚，事故各方承担了相应的责任，程序上基本公正，法院判决并无不当。最高人民检察院领导还站在民营企业长远发展和维护申请人合法权益的角度，说法理、谈情理、讲道理，对材料公司积极认同社会责任给予死亡员工家属抚恤金的做法予以充分肯定；同时表示，解决好企业的烦心事和揪心事，是党中央的明确要求，检察机关对于涉及民企的案件格外重视，依法予以平等保护，希望材料公司辩证看待安全事故，从中汲取教训，将更多精力投入生产经营，让企业走得更稳、更远。针对材料公司反映的行政执法不规范、案件处理不平衡等问题，最高人民检察院领导表示检察机关可在深入调查核实后，提出相应的检察建议。

争议化解。经最高人民检察院领导释法说理，材料公司法定代表人冯某对检察机关所作的工作和提出的意见表示认可。2019 年 12 月 5 日，冯某向检察机关提交撤回监督申请书，检察机关依法作出终结审查决定，本案行政争议成功化解。

诉源治理。重庆市人民检察院第一分院经调查核实，建议区应急管理局（因机构改革原安监局职能并入应急管理局）全面调查是否遗漏相关责任主体，针对区安监局超期提交事故调查报告等执法不规范问题，建议规范行政执法办案程序，提高行政执法办案效率，在个案处理中加强释法说理，减少行政争议，增强行政执法公信力。区应急管理局收到检察建议后，组织原事故调查组进行补充调查，将设计公司生产安全管理不合规问题移交行业主管部门区住房城乡建设委依法处理；为促进今后规范执法，建立案件审核委员会制度，加强对事故调查及作出行政处罚的审核把关，确保行政执法规范严谨。

指导意义

（一）人民检察院办理行政诉讼监督案件，应当坚持把实质性化解行政争议作为重要职责，努力实现案结事了政和。人民检察院办理行政诉讼监督案件，应当践行以人民为中心的监督理念，全面贯彻行政诉讼法确定的立法目的，在监督人民法院公正司法、促进行政机关依法行政的同时，着眼于实质性化解行政争议，加强调查核实，针对行政争议产生的基础事实和申请人在诉讼中的实质诉求，综合运用抗诉、检察建议、公开听证、司法救助等方式，促使行政争议得到合法合理的解决，维护公民、法人和其他组织的合法权益。

（二）人民检察院化解行政争议，应当加强释法说理，有效回应当事人诉求。围绕案件事实和证据，阐明事理、释明法理、讲明情理，为当事人解心结、释法结，既体现法的力度，又体现法理情交融的温度，让当事人感受到法律监督的公正性、透明度。

相关规定

《中华人民共和国行政诉讼法》第十一条

《中华人民共和国安全生产法》第二十五条第一款、第三十二条、第九十二条、第一百零九条

《人民检察院行政诉讼监督规则（试行）》[①] 第三十四条、第三十六条

《人民检察院民事诉讼监督规则（试行）》第七十五条[②]第一款

《人民检察院检察建议工作规定》第十一条

10. 生产经营单位未对从业人员进行安全生产教育和培训，导致发生生产安全事故的，生产经营单位应受何种处罚？[③]

2020 年 4 月 5 日 11 时 50 分左右，位于某县私人住宅内发生一起电梯安装施工人员坠落事故，造成许某柳、许某丹 2 人死亡。后经甲电梯工程有限公司（以下简称甲电梯公司）调查报告认定事故的直接原因为许某丹和许某柳违反电梯安装作业安全操作规程，在操作平台上作业时未系安全带，未佩戴安全帽，不具备安全条件。间接原因为：(1) 甲电梯公司落实企业安全生产主体责任不到位，安全责任不明晰，安全管理混乱；(2) 甲电梯公司施工管理薄弱，施工组织管理程序混乱；(3) 安

---

① 本规则已被废止，现行有效的为《人民检察院行政诉讼监督规则》。

② 现为《人民检察院民事诉讼监督规则》第 73 条。

③ 参见《广西甲电梯工程有限公司、某县应急管理局质量监督检验检疫行政管理：质量监督行政管理（质量监督）二审行政判决书》，案号：(2021) 桂 01 行终 42 号，载中国裁判文书网。

全教育培训和岗前技能培训不到位；（4）对作业风险认识不够，未采取必要的安全措施，作业现场没有监护人；（5）施工现场安全防护不到位；（6）未教育和督促许某丹等电梯安装人员严格执行本单位的安全生产规章制度和安全操作规程，现场管理和监护不力。应急管理局以上行为违反了《安全生产法》第25条第1款、第41条①、第42条②、第78条③之规定，对事故的发生负有责任。因此，根据《安全生产法》第109条第1项的规定，决定作出处以人民币45万元的行政处罚。原告对处罚决定不服，遂向该院提起行政诉讼。

一审判决认为，根据《安全生产法》第9条④、第62条⑤的规定，被告该县应急局作为县级以上安全生产监督管理部门，主管本行政区域内的安全生产监督管理并具有对相关违法行为进行行政处罚的主体资格和法定职权。本案被诉处罚决定因原告未严格履行安全生产主体责任而引起。本案中，原告存在四种违反《安全生产法》所规定的安全生产监督管理责任的情形，被告根据原告违法行为的性质和情节，在“二十万元以上五十万元以下”幅度内，决定对原告处以罚款45万元的罚款，裁量并不存在明显不当。

二审判决认为，《安全生产法》第109条第1项规定：“发生生产安全事故，对负有责任的生产经营单位除要求其依法承担相应的赔偿等责任外，由安全生产监督管理部门依照下列规定处以罚款……（一）发生一般事故的，处二十万元以上五十万元以下的罚款”，此条是对安全生产事故责任单位处罚的规定。该法第4条、第25条、第41条、第42条、第78条分别规定了生产经营单位基本义务、生产经营单位对从业人员教育和培训的责任、生产经营单位对从业人员的安全管理责任、生

---

① 现为《安全生产法》第44条，下同。
② 现为《安全生产法》第45条，下同。
③ 现为《安全生产法》第81条，下同。
④ 现为《安全生产法》第10条。
⑤ 现为《安全生产法》第65条。

产经营单位为从业人员提供劳动防护用品的责任、生产经营单位制定生产安全事故应急预案及定期组织演练的责任。本案中，原告并未依法履行上述法律规定的责任和义务，原告作为生产经营单位，对此次生产安全事故负有责任，应当依照上述法律的规定进行处罚。

综上所述，被诉处罚决定合法且无明显不当，一审判决正确，应当予以维持。

11. 企业聘用没有电路安装资质的人安装电源线，发生事故的，是否应承担安全生产事故责任？①

某云公司将名下的房屋收回后于2018年8月2日，由公司店面负责人肖某贵安排员工找电工到收回的门面安装电路。员工找到彭某能带回公司，彭某能到某云公司新收回的门面内，接受公司的安排在该门面安装电源线，其安装时未采取安全防护措施，未佩戴劳动防护用品。2018年8月2日16时许，彭某能在安装过程中发生触电事故，从站立梯子上坠落地面，经120急救医生现场抢救无效死亡。后原某区安全生产监督管理局向某云公司作出《行政处罚告知书》及《行政处罚听证告知书》，对某云公司作出罚款28.5万元的行政处罚，某云公司经复议后对复议决定仍不服，向人民法院提起行政诉讼，请求法院依法撤销原该区安全生产监督管理局作出的《行政处罚决定书（单位）》，撤销市应急管理局作出的《行政复议决定书》，责令区应急局重新作出彭某能死亡不属于或不视同于生产安全事故的决定。另查明，因机构改革，原该区安全生产监督管理局职能由该区应急管理局承接。

一审法院认为，原某区安全生产监督管理局作出的《行政处罚决定书（单位）》事实清楚，程序合法，适用法律、法规正确。市应急管理局作出的《行政复议决定书》，事实清楚、程序合法，某云公司要求撤销处罚决定及复议决定理由不能成立。依法判决驳回某云公司的诉讼请求。

---

① 参见《某云公司与某区应急管理局行政处罚及行政复议二审行政判决书》，案号：（2020）渝05行终280号，载中国裁判文书网。

二审法院认为，本案的争议焦点是彭某能在从事电路安装工作中发生安全事故，承担其安全责任事故的责任主体问题。根据《安全生产法》第25条第1款之规定："生产经营单位应当对从业人员进行安全生产教育和培训，保证从业人员具备必要的安全生产知识，熟悉有关的安全生产规章制度和安全操作规程，掌握本岗位的安全操作技能，了解事故应急处理措施，知悉自身在安全生产方面的权利和义务。未经安全生产教育和培训合格的从业人员，不得上岗作业。"本案中，某云公司收回其转租的门面，恢复门面的水电，以便门面的使用。该门面是某云公司承租的，故其对收回后的门面进行水电线路恢复安装，仍然属于某云公司生产经营范畴。上诉人某云公司将《安全生产法》中规定的"生产经营"仅仅理解为从事营业执照核定范围的事项，显然是对法律规定中"生产经营"的狭义理解。生产经营单位为了正常运营所进行的有关生产经营活动，都应当属于《安全生产法》中规定的"生产经营"范畴，故上诉人的该上诉理由不能成立。生产经营单位对其在生产经营过程中可能发生的安全生产事故隐患，都应当采取积极有效的防范措施，避免安全事故的发生。这也是安全生产法中用多条法律条文予以明确规定的，是生产经营单位必须履行的法定义务。本案中，某云公司收回转租的门面，恢复门面的水电，需要对水电线路进行安装。电路安装具有危险性，为了保证电路安装时的生产安全，某云公司应当聘用有安装资质的人员，并做好安全生产的必要防护工作，以避免安全事故的发生。但本案某云公司却使用没有电路安装资质的彭某能从事电路安装，且无充分证据证明其履行了《安全生产法》规定的安全生产保障义务，发生安全事故，被上诉人认定其应当承担相应的生产安全责任并无不当。某云公司在该事故中承担民事责任与其同时应当承担安全生产事故责任并不矛盾。上诉人认为其行为不受《安全生产法》的调整的理由不能成立，本院不予支持。

关于彭某能死亡原因问题。现有证据足以证明彭某能的死亡是因为电击伤。在无其他证据证明彭某能的死亡可能是其他原因造成的前提下，以彭某能无尸检报告为由，否定彭某能的死亡系因安全生产事故造成，显然该理由证据不足，本院不予支持。

关联参见

《矿山安全法》第26条；《建筑法》第46条；《煤炭法》第33条；《建设工程安全生产管理条例》第25条、第37条；《危险化学品安全管理条例》第4条；《安全生产培训管理办法》；《生产经营单位安全培训规定》

第二十九条　【技术更新的教育和培训】 生产经营单位采用新工艺、新技术、新材料或者使用新设备，必须了解、掌握其安全技术特性，采取有效的安全防护措施，并对从业人员进行专门的安全生产教育和培训。

条文解读

生产经营单位对采用的新工艺、新技术、新材料或者使用的新设备，必须了解、掌握其安全技术特性，对该工艺、技术的原理、操作规程有清楚的把握，了解该材料、设备的构成、性质。对采用的新工艺、新技术、新材料或者使用的新设备在生产经营过程中可能产生的危险因素的性质、可能产生的危害后果、如何预防这种危险因素造成事故以及一旦发生事故时如何妥善处理等事项，都要了解和掌握。只有这样，生产经营单位才能有针对性地采取必要的防范措施，防止生产安全事故的发生和扩大。

新工艺、新技术、新材料、新设备 ➲ 所谓“工艺”，是指劳动者利用生产工具通过对各种原材料、半成品进行加工或者处理，如切割、粉碎等，最后使之成为产品的方法，是人类在劳动中积累起来并经过总结的操作技术经验。所谓“技术”，是指根据生产劳动实践经验和自然科学原理而发展成的各种工艺操作方法与技能，如焊接技术、石材加工技术等。所谓“材料”，是指经过人类劳动取得的劳动对象，如开采出来的矿砂是冶炼金属的原料。所谓“设备”，是指可供人们在生产中长期使用，并在反复使用中基本保持原有实物形态和功能的生产资料和物质资料的总称。所谓“新工艺、新技术、新材料、新设备”，是指在我国首次使用的工艺、技术、材料、设备。

关联参见

《安全生产培训管理办法》；《生产经营单位安全培训规定》

第三十条　【特种作业人员从业资格】 生产经营单位的特种作业人员必须按照国家有关规定经专门的安全作业培训，取得相应资格，方可上岗作业。

特种作业人员的范围由国务院应急管理部门会同国务院有关部门确定。

条文解读

特种作业 ➡ 特种作业，是指容易发生事故，对操作者本人、他人的安全健康及设备、设施的安全可能造成重大危害的作业。特种作业人员的资格是安全准入类，属于行政许可范畴，由主管的负有安全生产监督管理职责的部门实施特种作业人员的考核发证工作，未经培训和考核合格，不得上岗作业。

根据《特种作业人员安全技术培训考核管理规定》的规定，特种作业人员实行目录管理，具体范围由国务院应急管理部门会同国务院有关部门确定。有关部门应当相互协作，科学、合理、及时确定特种作业人员的范围，以满足实际工作的需要。

实务应用

12. 特种作业的范围如何确定？

根据现行特种作业目录，特种作业大致包括：(1) 电工作业。指对电气设备进行运行、维护、安装、检修、改造、施工、调试等作业（不含电力系统进网作业）。(2) 焊接与热切割作业。指运用焊接或者热切割方法对材料进行加工的作业（不含《特种设备安全监察条例》规定的有关作业）。(3) 高处作业。指专门或经常在坠落高度基准面 2 米及 2 米以上有可能坠落的高处进行的作业。(4) 制冷与空调作业。指对大中型制冷与空调设备运行操作、安装与修理的作业。(5) 煤矿安全作业。(6) 金属非金属矿山安全作业。(7) 石油天然气安全作业。(8) 冶金（有色）生产安全作业。(9) 危险化学品安全作业。指从事危险化工工艺过程操作及化工自动化控制仪表安装、维修、维护的作业。(10) 烟花爆竹安全作业。指从事烟花爆竹生产、储存中的药物混合、造粒、筛选、装药、筑药、压药、搬运等危险工序的作业。(11) 原安全监管总局认定的其他作业。直接从事以上特种作业的从业人员，就是特种作业人员。

关联参见

《矿山安全法》第 26 条；《建设工程安全生产管理条例》第 25 条；《特种作业人员安全技术培训考核管理规定》第 3 条、第 4 条

第三十一条　【建设项目安全设施“三同时”】 生产经营单位新建、改建、扩建工程项目（以下统称建设项目）的安全设施，必须与主体工程同时设计、同时施工、同时投入生产和使用。安全设施投资应当纳入建设项目概算。

条文解读

本条是关于建设项目的安全设施“三同时”原则的规定，即新建、改建、扩建工程项目的安全设施必须与主体工程同时设计、同时施工、同时投入生产和使用。所谓“新建”，是指从基础开始建造的建设项目，按照国家规定也包括原有基础很小，经扩大建设规模后，其新增固定资产价值超过原有固定资产价值 3 倍以上，并需要重新进行总体设计的建设项目；迁移厂址的建设工程（不包括留在原厂址的部分），符合新建条件的建设项目。所谓“扩建”，是指在原有基础上加以扩充的建设项目，包括扩大原有产品生产能力、增加新的产品生产能力以及为取得新的效益和使用功能而新建主要生产场所或工程的建设活动。对于建筑工程，扩建主要是指在原有基础上加高加层（需重新建造基础的工程属于新建项目）。所谓“改建”，是指不增加建筑物或建设项目体量，在原有基础上，为提高生产效率，改进产品质量，改变产品方向，或者改善建筑物使用功能、改变使用目的，对原有工程进行改造的建设项目。装修工程也是改建。企业为了平衡生产能力，增加一些附属、辅助车间或非生产性工程，也属于改建项目。在改建的同时，扩大主要产品的生产能力或增加新效益的项目，一般称为改扩建项目。所谓“建设项目安全设施”，是指生产经营单位在生产经营活动中用于预防生产安全事故的设备、设施、装置、构（建）筑物和其他技术措施的总称。根据有关规定，生产经营单位是建设项目安全设施建设的责任主体。

实务应用

13. 建设项目安全设施“三同时”应达到哪些要求？

同时设计、同时施工、同时投入生产和使用，称为“三同时”原则。生产经营单位违反“三同时”原则，应当承担相应的法律责任。

建设项目安全设施的“三同时”应当达到以下要求：

（1）建设项目的设计单位在编制建设项目投资计划文件时，应同时按照有关法律、法规、国家标准或者行业标准以及设计规范，编制安全设施的设计文件。安全设施的设计不得随意降低安全设施的标准。

（2）生产经营单位在编制建设项目投资计划和财务计划时，应将安全设施所需投资一并纳入计划，同时编报。

（3）对于按照有关规定项目设计需报经主管部门批准的建设项目，在报批时，应当同时报送安全设施设计文件；按照规定，安全设施设计需报主管的负有安全生产监督管理职责的部门审批的，应报主管的负有安全生产监督管理职责的部门批准。

（4）生产经营单位应当要求具体从事建设项目施工的单位严格按照安全设施的施工图纸和设计要求施工。安全设施与主体工程应同时进行施工，安全设施的施工不得偷工减料，降低建设质量。

（5）在生产设备调试阶段，应同时对安全设施进行调试和考核，并对其效果进行评价。

（6）建设项目验收时，应同时对安全设施进行验收。

（7）安全设施应当与主体工程同时投入生产和使用，不得只将主体工程投入使用，而将安全设施摆样子，不予使用。

关联参见

《劳动法》第53条；《矿山安全法》第7条

第三十二条　【特殊建设项目安全评价】 矿山、金属冶炼建设项目和用于生产、储存、装卸危险物品的建设项目，应当按照国家有关规定进行安全评价。

条文解读

建设项目的安全评价 ➲ 建设项目的安全评价，主要是指在建设项目的可行性研究阶段的安全预评价，即根据建设项目可行性研究阶段报告的内容，运用科学的评价方法，分析和预测该建设项目存在的危险、危害因素的种类和危险、危害程度，提出合理可行的安全技术和管理对策，作为该建设项目初步设计中安全设计和建设项目安全管理、监察的重要依据。

危险物品 ➲ 危险物品，是指易燃易爆物品、危险化学品、放射性物品等能够危及人身安全和财产安全的物品。

关联参见

《矿山安全法实施条例》第6条

第三十三条　【特殊建设项目安全设计审查】 建设项目安全设施的设计人、设计单位应当对安全设施设计负责。

矿山、金属冶炼建设项目和用于生产、储存、装卸危险物品的建设项目的安全设施设计应当按照国家有关规定报经有关部门审查，审查部门及其负责审查的人员对审查结果负责。

条文解读

建设项目安全设施设计 ➲ 建设项目安全设施设计应当包括下列内容：(1) 设计依据；(2) 建设项目概述；(3) 建设项目潜在的危险、有害因素和危险、有害程度及周边环境安全分析；(4) 建筑及场地布置；(5) 重大危险源分析及检测监控；(6) 安全设施设计采取的防范措施；(7) 安全生产管理机构设置或者安全生产管理人员配备要求；(8) 从业人员安全生产教育和培训要求；(9) 工艺、技术和设备、设施的先进性和可靠性分析；(10) 安全设施专项投资概算；(11) 安全预评价报告中的安全对策及建议采纳情况；(12) 预期效果以及存在的问题与建议；(13) 可能出现的事故预防及应急救援措施；(14) 法律、法规、规章、标准规定需要说明的其他事项。

矿山设计 ➲ 矿山设计下列项目必须符合矿山安全规程和行业技术规范：(1) 矿井的通风系统和供风量、风质、风速；(2) 露天矿的边坡角和台阶的宽度、高度；（3）供电系统；（4）提升、运输系统；（5）防水、排水系统和防火、灭火系统；（6）防瓦斯系统和防尘系统；（7）有关矿山安全的其他项目。

关联参见

《矿山安全法》第8—12条；《建设项目安全设施“三同时”监督管理办法》第11条

第三十四条　【特殊建设项目安全设施验收】 矿山、金属冶炼建设项目和用于生产、储存、装卸危险物品的建设项目的施工单位必须按照批准的安全设施设计施工，并对安全设施的工程质量负责。

矿山、金属冶炼建设项目和用于生产、储存、装卸危险物品的建设项目竣工投入生产或者使用前，应当由建设单位负责组织对安全设施进行验收；验收合格后，方可投入生产和使用。负有安全生产监督管理职责的部门应当加强对建设单位验收活动和验收结果的监督核查。

条文解读

本条是关于建设项目安全设施的施工和竣工验收及其监督检查的规定。本条规定的矿山、金属冶炼建设项目和用于生产、储存危险物品的建设项目的安全设施的验收，是指安全设施已经按照设计要求完成全部施工任务，准备交付建设单位投入生产和使用时，由建设单位对该安全设施是否符合设计要求和工程质量标准进行的检查、考核工作。这是安全设施建设全过程的最后一道程序，是对安全设施质量控制的最后一个重要环节。认真做好安全设施的验收工作，对于保证安全设施的质量具有重要意义。

14. 施工单位应当如何进行施工管理?

建设项目在施工过程中，施工单位应当严把施工质量关，做好施工的各项质量控制与管理工作，严格按照批准的设计文件和技术标准进行施工。一般来讲，施工单位应当围绕以下几个主要方面进行施工管理：一是安全设施的施工必须按照设计编制施工组织设计或方案，否则不准开工。二是开工前必须编制分工计划，逐级向下进行施工组织设计交底，同时进行对有关部门和专业人员的横向交底，并有相应的交底记录。三是加强施工全过程控制，分别对基础施工、结构施工和装修三个阶段，进行施工组织设计实施情况的中间检查。四是工程完成时，必须及时按原安全设施设计作出技术总结，并上报原审批单位。

15. 施工单位对于因施工原因造成的质量问题应承担什么责任?

对于因施工原因造成的质量问题，施工单位承担全部责任。这些责任包括由施工单位对项目存在的质量问题给予修复和赔偿所造成损失的民事责任；由有关主管部门对违法施工的单位给予行政处罚的行政责任；以及对造成重大质量事故、构成犯罪的，由司法机关依照刑法的有关规定追究的刑事责任。实行总承包的工程，总承包单位对安全设施工程质量负责。实行分包的工程，分包单位要对其分包的工程质量负责。总承包单位应当与分包单位就分包工程的质量承担连带责任。

16. 矿山、金属冶炼建设项目和用于生产、储存危险物品的建设项目的安全设施的验收，应当包括哪些内容?

矿山、金属冶炼建设项目和用于生产、储存危险物品的建设项目竣工投入生产或者使用前，应当由建设单位负责组织对安全设施进行验收；验收合格后，方可投入生产和使用。验收的内容，主要是安全设施是否与主体工程同时建成，是否严格按照批准的设施进行施工，工程质量是否符合法律、法规、安全规程和技术标准的要求等。建设单位必须认真负责，严格按照有关规定对其安全设施进行验收。对于未经验收或者经验收但不合格的安全设施，建设单位不得将其投入生产和使用。否则，建设单位将依法承担相应的法律责任。同时，为了促使建设单位按标准认真做好验收工作，本条规定安全生产监督管理部门应当加强对验收活动和验收结果的监督核查，包括可以对有关重要项目或重要部位进行现场检查，或者对验收结果进行核实。

关联参见

《建设项目安全设施“三同时”监督管理办法》第4章

第三十五条　【安全警示标志】 生产经营单位应当在有较大危险因素的生产经营场所和有关设施、设备上，设置明显的安全警示标志。

条文解读

本条是关于生产经营单位设置安全警示标志的规定。安全警示标志，一般由安全色、几何图形和图形符号构成，其目的是要引起人们对危险因素的注意，预防生产安全事故的发生。危险因素，主要指能对人造成伤亡或者对物造成突发性损害的各种因素。安全警示标志应当设置在作业场所或者有关设施、设备的醒目位置，一目了然，让每一个在该场所从事生产经营活动的从业人员或者该设施、设备的使用者，都能够清楚地看到，不能设置在让从业人员很难找到的地方。在存在危险因素的地方，设置安全警示标志，是对从业人员知情权的保障，有利于提高从业人员的安全生产意识，防止和减少生产安全事故的发生。

实务应用

17. 我国目前常用的安全警示标志包括哪些？

根据现行有关规定，我国目前使用的安全色主要有四种：（1）红色，表示禁止、停止，也代表防火；（2）蓝色，表示指令或必须遵守的规定；（3）黄色，表示警告、注意；（4）绿色，表示安全状态、提示或通行。而我国目前常用的安全警示标志，根据其含义，也可分为四大类：（1）禁止标志，即圆形内划一斜杠，并用红色描画成较粗的圆环和斜杠，表示"禁止"或"不允许"的含义；（2）警告标志，即"△"，三角的背景用黄色，三角图形和三角内的图像均用黑色描绘，警告人们注意可能发生的各种危险；（3）指令标志，即"○"，在圆形内配上指令含义的颜色——蓝色，并用白色绘画必须履行的图形符号，构成"指令标志"，要求到这个地方的人必须遵守；（4）提示标志，以绿色为背景的长方几何图形，配以白色的文字和图形符号，并标明目标的方向，即构成提示标志，如消防设备提示标志等。

案例指引

12. 生产经营单位未设置安全警示标志，对有关人员的安全与健康造成威胁的，是否应当处罚？①

2022 年 3 月，某省应急管理厅接到群众实名举报，反映某市一食品企业污水处理池未设置有限空间警示标识。按相关程序，某市应急管理局对举报内容予以核查。经查，该企业 2 处污水处理池属有限空间，池面仅用移动泡沫板遮盖，未设置安全警示标志，无法提醒人们注意该场所存在的危险有害因素，对有关人员的安全与健康造成威胁。按有关法律法规规定，执法人员对该企业未在有限空间作业场所设置明显的安全警示标志行为，责令其立即整改，并予以行政罚款。

举报人及时发现并举报生产经营单位违法违规作业行为，为及时消除事故隐患作出了贡献，安徽省应急管理厅按规定予以奖励人民币 5000 元。

---

① 参见《应急管理部公布 5 起安全生产举报典型案例》（2022 年 8 月 31 日发布），案例 2，载应急管理部网 https：//www. mem. gov. cn/xw/yjglbgzdt/202208/t20220831_ 421579. shtml，最后访问日期：2023 年 5 月 9 日。

13. 生产经营单位未在有较大危险因素的生产经营场所和有关设施、设备上设置明显的安全警示标志，造成他人死亡，责任如何承担？①

2019 年 10 月 1 日，二原告伍某以、吉某的孩子伍某某在普格县中死亡，经普格县公安局刑事侦查大队法医鉴定，伍某某系溺水身亡。该水塘系被告袁某聪因煤厂生产经营所需，在土地上取土形成，土地的承包经营权归被告黎某明。事故发生后，原告伍某以、吉某与被告袁某聪、黎某明于 2019 年 10 月 3 日在普格县公安局普基派出所的主持下达成治安调解协议，协议约定：（1）乙方黎某明、袁某聪先垫付伍某某安葬等各项费用共计 10 万元整，当场支付，黎某明、袁某聪各付 5 万元整。（2）甲方伍某以及其亲属不再因此事纠缠乙方；后续赔偿费用由甲乙双方通过司法程序解决。（3）甲、乙双方不得再因此事发生纠缠对方，否则公安机关将从严处罚当事人。（4）如法院等司法机关最终判决或裁定赔偿费用低于 10 万元整，乙方黎某明和袁某聪不再要求甲方伍某以退还多余部分。如法院判决或裁定赔偿费用多于 10 万元整，多余部分由乙方黎某明和袁某聪共同承担。乙方黎某明和袁某聪在全部赔偿金额中承担比例由黎某明、袁某聪协商或请司法机关裁定。

一审法院认为，本案争议的焦点之一是被告袁某聪、黎某明应当承担的责任比例，以及袁某聪、黎某明在责任范围内各自应当承担的责任比例。公民享有生命权、健康权，任何人不得加以侵害，对于侵害他人生命权、健康权的，应当承担赔偿责任。本案中，伍某某死亡地点位于普格县，该水塘是本案被告袁某聪生产经营所需，在土地上取土形成，该水塘明显加大了过往行人的安全风险，《安全生产法》第 32 条规定，生产经营单位应当在有较大危险因素的生产经营场所和有关设施、设备上，设置明显的安全警示标志。《最高人民法院关于审理人身损害赔偿案件适用法律若干问题的解释》第 6 条②第 1 款规定："从事住宿、餐

---

① 参见《袁某聪、伍某以生命权、健康权、身体权纠纷二审民事判决书》，案号：(2020) 川 34 民终 995 号，载中国裁判文书网。

② 本条规定在 2022 年修改时已删除，相关内容参见《民法典》第 1198 条。

饮、娱乐等经营活动或者其他社会活动的自然人、法人、其他组织，未尽合理限度范围内的安全保障义务致使他人遭受人身损害，赔偿权利人请求其承担相应赔偿责任的，人民法院应予支持。”被告袁某聪在一审庭审期间自认其分别于2017年、2019年两次在水塘处取土，其作为水塘的经营管理人，未在水塘周围设置明显的警戒线、警示标志，也未采取在水塘周围设置围栏等安全措施，未尽到安全注意义务，对事故的发生存在不可推卸的责任。被告袁某聪称是其向本案第二被告黎某明购买泥土，与黎某明之间是买卖关系，且土地的承包人、管理人、受益人均不是袁某聪，并且该土地的发包方具有发包权、监督权、制止权，从水塘的形成至今已经多年，发包方及相关行政管理机构并没有制止和监督，被告黎某明出卖承包地的泥土以致形成事发时的深坑，因此不是本案的适格被告，不应当承担赔偿责任的答辩意见于法无据，不予采纳。被告黎某明作为案涉土地的承包经营权人，其对承包经营的土地不仅具有经营收益的权利，也有管理的义务，其未能督促被告袁某聪合理取土，未督促袁某聪对取土形成的水塘进行回填。事故发生后原告伍某以、吉某与被告袁某聪、黎某明于2019年10月3日在普格县公安局普基派出所的主持下达成治安调解协议，该协议是各方当事人的真实意思表示，是对自身权利的自由处分，不违反法律规定，予以确认。《民法总则》第34条①规定：“监护人的职责是代理被监护人实施民事法律行为，保护被监护人的人身权利、财产权利以及其他合法权益等。监护人依法履行监护职责产生的权利，受法律保护。监护人不履行监护职责或者侵害被监护人合法权益的，应当承担法律责任。”本案中，原告伍某以、吉某作为伍某某的法定监护人，未能履行好自身的监护职责，其在外出就医过程中未能有效监管、看管好未成年子女伍某某，对事故的发生亦存在过错，应当承担相应的法律责任。一审法院认定上诉人袁某聪和被上诉人黎某明各承担25%的责任，并互为连带责任正确。

---

① 现为《民法典》第34条。

第三十六条　【安全设备管理】安全设备的设计、制造、安装、使用、检测、维修、改造和报废，应当符合国家标准或者行业标准。

生产经营单位必须对安全设备进行经常性维护、保养，并定期检测，保证正常运转。维护、保养、检测应当作好记录，并由有关人员签字。

生产经营单位不得关闭、破坏直接关系生产安全的监控、报警、防护、救生设备、设施，或者篡改、隐瞒、销毁其相关数据、信息。

餐饮等行业的生产经营单位使用燃气的，应当安装可燃气体报警装置，并保障其正常使用。

条文解读

安全设备 ➲ 安全设备，主要是指为了保护从业人员等生产经营活动参与者的安全，防止生产安全事故发生以及在发生生产安全事故时用于救援而安装使用的机械设备和器械，如矿山使用的自救器、灭火设备以及各种安全检测仪器。安全设备从设计到报废各个环节符合国家标准或者行业标准的要求，进行经常性维护、保养，并定期检测。

根据《刑法》第134条之一的规定，对关闭、破坏直接关系生产安全的监控、报警、防护、救生设备、设施，或者篡改、隐瞒、销毁其相关数据、信息的行为，具有发生重大伤亡事故或者其他严重后果的现实危险的，构成危险作业罪，处1年以下有期徒刑、拘役或者管制。关闭、破坏直接关系生产安全的监控、报警、防护、救生设备、设施，或者篡改、隐瞒、销毁其相关数据、信息的行为，针对的是生产、作业中已经发现危险，如瓦斯超标，但故意关闭、破坏报警、监控设备，或者修改设备阈值，破坏检测设备正常工作条件，使有关监控、监测设备不能正常工作，而继续冒险作业，逃避监管。“关闭、破坏设备、设施或者篡改、隐瞒、销毁相关数据、信息”的行为是“故意”的，但对结果不是希望或者追求结果，否则可能构成其他犯罪如以危险方法危害公共安全罪等。关闭、破坏的“设备、设施”属于“直接关系生产安全的”设备、设施，这是限定条件。直接关系生产安全是指设备、设施的功能直接检测安全环境数据，关闭、破坏后可能直接导致事故发生，具有重大危险。关闭、破坏与安全生产事故发生不具有直接性因果关系的设备、设施的，不能认定为本罪。

近年来，餐饮行业燃气爆炸事故频发，对人民群众生命财产安全造成极大威胁，安装使用可燃气体报警装置成本较低，不会显著增加生产经营单位负担，且能够第一时间发现燃气泄漏等情况，有效避免事故发生。

案例指引

14. 企业擅自停用可燃气体报警装置，拒不整改的，如何处理？[①]

被告人李某远为浙江省永康市雅某酒店用品有限公司（以下简称雅某公司）负责人。2020年，雅某公司因安全生产需要，在油漆仓库、危废仓库等生产作业区域安装了可燃气体报警器。自2021年10月以来，李某远在明知关闭可燃气体报警器会导致无法实时监测生产过程中释放的可燃气体浓度，安全生产存在重大隐患的情况下，为节约生产开支而擅自予以关闭。2022年5月10日，雅某公司作业区域发生火灾。同年5月16日至17日，消防部门对雅某公司进行检查发现该公司存在擅自停用可燃气体报警装置等影响安全生产问题，且在上述关闭可燃气体报警器区域内发现存放有某某牌清味底漆固化剂10桶、某某漆A2固化剂16桶、某某漆五分哑耐磨爽滑清面漆16桶等大量油漆、稀释剂，遂责令该公司立即整改，并将上述案件线索移送永康市公安局。经检验，上述清面漆、固化剂均系易燃液体，属于危险化学品。

浙江省永康市人民检察院依托数据应用平台通过大数据筛查发现，

① 参见《人民法院、检察机关依法惩治危害生产安全犯罪典型案例》（2022年12月15日发布），李某远危险作业案，载最高人民法院网 https：//www.court.gov.cn/zixun-xiangqing-383601.html，最后访问日期：2023年5月9日。

消防部门移送公安机关的李某远危险作业案一直未予立案。经进一步调取查阅相关案卷材料，永康市人民检察院认为李某远的行为已经涉嫌危险作业罪，依法要求公安机关说明不立案理由。永康市公安局经重新审查后决定立案侦查，立案次日再次对雅某公司现场检查发现，该公司虽然清理了仓库内的清面漆、固化剂等危险化学品，但可燃气体报警装置仍处于关闭状态。永康市公安局以李某远涉嫌危险作业罪移送永康市人民检察院审查起诉。

永康市人民检察院经审查认为，李某远擅自关闭可燃气体报警器的行为，具有发生重大伤亡事故或其他严重后果的现实危险：一是关闭可燃气体报警装置存在重大安全隐患。《建筑设计防火规范》（2018 年版）明确，建筑内可能散发可燃气体、可燃蒸气的场所应设置可燃气体报警装置。本案现场虽按规定设置了可燃气体报警装置，但李某远在得知现场可燃气体浓度超标会引发报警装置报警后，为了节省生产开支，未及时采取措施降低现场可燃气体浓度，而是直接关闭停用报警装置，导致企业的生产安全面临重大隐患。二是"危险"具有现实性。涉案现场不仅堆放了 3 瓶瓶装液化天然气（其中 1 瓶处于使用状态），还堆放了大量油漆、固化剂等危险化学品以及数吨油漆渣等危废物，企业的车间喷漆中也会产生大量挥发性可燃气体，一旦遇到明火或者浓度达到一定临界值，将引发火灾或者爆炸事故。三是"危险"具有紧迫性。案发前，涉案厂区曾发生过火灾，客观上已经出现了"小事故"，之所以没有发生重大伤亡等严重后果，只是因为在发生重大险情的时段，喷漆车间已经连续几天停止作业，相关区域的可燃气体浓度恰好没有达到临界值，且发现及时得以迅速扑灭，属于由于偶然因素侥幸避免。经消防检查，当即明确提出企业存在"擅自停用可燃气体报警装置"等消防安全隐患，但李某远一直未予整改。永康市人民检察院以危险作业罪对李某远提起公诉。永康市人民法院以危险作业罪判处李某远有期徒刑 8 个月。宣判后无上诉、抗诉，判决已生效。

根据《刑法》第 134 条之一的规定，危险作业罪中"具有发生重大伤亡事故或者其他严重后果的现实危险”，是指客观存在的、紧迫的危险，这种危险未及时消除、持续存在，将可能随时导致发生重大伤亡事故或者其他严重后果。司法实践中，是否属于“具有发生重大伤亡事故或者其他严重后果的现实危险”，应当结合行业属性、行为对象、现场环境、违规行为严重程度、纠正整改措施的及时性和有效性等具体因素，进行综合判断。司法机关在办理具体案件过程中要准确把握立法原意，对于行为人关闭、破坏直接关系生产安全的监控、报警、防护、救生设备、设施，已经出现重大险情，或者发生了“小事故”，由于偶然性的客观原因而未造成重大严重后果的情形，可以认定为“具有发生重大伤亡事故或者其他严重后果的现实危险”。

15. 在《安全生产法》实施后，餐饮经营主体仍未依法安装可燃气体报警装置，存在重大安全隐患的，人民检察院能否建议有关部门依法履行燃气安全监管职责？①

上海市崇明区现有大量农家乐，选址大多位于居民住宅区，人口密集，现农家乐数量不断增长，燃气使用规模不断扩大，大量农家乐餐饮经营主体因燃气安全风险防控基础薄弱、管理缺失，在《安全生产法》实施后，仍未依照法律规定安装可燃气体报警装置即开展餐饮经营活动，存在重大安全隐患，威胁人民群众生命财产安全。

2022 年 2 月 10 日，有群众向上海市崇明区人民检察院（以下简称崇明区院）举报，崇明区农家乐经营主体经营餐饮使用燃气，未安装可燃气体报警装置，存在安全隐患。崇明区院接到举报线索后，立即制定《关于农家乐安全生产问题的调查方案》，部署对辖区内农家乐经营主体燃气安全问题开展调查。

2022 年 2 月 15 日，崇明区院通过检索国家企业信用信息公示系统，

---

① 参见《安全生产领域检察公益诉讼典型案例》（2022 年 12 月 16 日发布），上海市崇明区人民检察院督促农家乐安装可燃气体报警装置行政公益诉讼案，载最高人民检察院网 https：//www. spp. gov. cn//xwfbh/dxal/202212/t20221216_ 595793. shtml，最后访问日期：2023 年 5 月 9 日。

与区文化和旅游局（农家乐行业管理部门）沟通联络，了解崇明区农家乐经营主体现状，并前往农家乐保有量最大的两个乡镇进行实地走访摸排。在办案人员走访调查的9家农家乐中，有8家未安装可燃气体报警装置，这些农家乐将燃气瓶放置在厨房间外，燃气瓶通过约3米长的软管与室内厨房间的燃气灶相连，一旦发生燃气泄漏，厨房间内的人无法及时发现，且仅依靠人工识别气味，也难以确保及时发现燃气泄漏，具有重大燃气安全隐患。上述农家乐经营者利用自有的农村房屋作为经营场所，周边均系居民住宅，人口密集，如果不能及时发现燃气泄漏等隐患，将严重威胁人民群众的生命财产安全。

根据《安全生产法》第36条第4款规定，餐饮等行业的生产经营单位使用燃气的，应当安装可燃气体报警装置，并保障其正常使用。但崇明区内有大量农家乐餐饮经营单位未安装可燃气体报警装置。因农家乐安全生产工作涉及职能部门多，崇明区院结合农家乐行业管理部门、燃气行业管理部门不一致的实际，多次走访区文化和旅游局、区建设和管理委员会、区消防救援支队、区市场监督管理局等了解情况、查阅制度文件，在厘清农家乐可燃气体报警装置监管部门为区建设和管理委员会的基础上，制发检察建议，建议区建设和管理委员会依法履行燃气安全监管职责，对农家乐经营主体未依法安装可燃气体报警装置的行为予以处置，督促辖区内农家乐餐饮经营主体做到应装尽装。

崇明区院调查发现，崇明区辖区内的农家乐均为小型餐饮企业，其大多使用钢瓶液化石油气，因钢瓶液化石油气使用前无需向区建设和管理委员会申请批准，故区建设和管理委员会无法第一时间掌握农家乐用气情况。此外，区文化和旅游局作为农家乐行业管理部门，其需在区市场监督管理局向农家乐颁发食品经营许可后，方能了解其监管的农家乐是否经营餐饮，也无法从源头上督促农家乐安装可燃气体报警装置，行政机关对新设立农家乐带来的可燃气体报警装置安装“增量”问题尚无有效的解决方案。为解决上述问题，崇明区院与区建设和管理委员会、区文化和旅游局多次商讨后，会签《关于引导农家乐规范安装可燃气体报警装置的协作备忘录》，备忘录约定：区文化和旅游局在收到农家乐经营主体申请设立农家乐时，以书面提示方式要求拟经营餐饮服务的农家乐安装可燃气体报警装置，并将情况同步抄送区建设和管理委员会，便于两部门共同对农家乐燃气安全问题进行监管。同时，因农家乐数量多、分布区域广，安装可燃气体报警装置工作主要由区建设和管理委员会督促各乡镇安全办落实，崇明区院推动区建设和管理委员会将可燃气体报警装置安装事项纳入乡镇考核评价体系中，以督促各乡镇做好可燃气体报警装置安全、日常使用工作。

2022 年 6 月 17 日，崇明区院与区建设和管理委员会、应急管理局、消防救援支队、文化和旅游局等部门邀请安全生产领域专家、“益心为公”云平台志愿者、区人大代表组成公益整改评估团对本案行政机关的整改情况进行跟进监督，评估团分别对农家乐可燃气体报警装置安装情况、燃气安全使用情况进行现场察看，评估认为区建设和管理委员会积极履职落实整改，不但督促检察建议书中存在燃气安全隐患的农家乐经营主体安装可燃气体报警装置，还对辖区内所有小型餐饮企业进行摸排调查，做到了农家乐及小型餐饮企业可燃气体报警装置安装全覆盖。

餐饮行业使用燃气应当安装可燃气体报警装置，这是《安全生产法》的强制性要求。针对大量农家乐使用燃气但未安装可燃气体报警装置的问题，检察机关通过与相关行政机关沟通协调，督促农家乐餐饮经营主体做到应装尽装。同时，推动构建农家乐设立事前提示机制及农家乐申请餐饮经营资质同步报送抄送机制，推动燃气行业管理部门将安装可燃气体报警装置工作纳入乡镇考核评价体系，从源头上防范化解安全生产风险。

关联参见

《矿山安全法》第 15 条、第 16 条；《煤炭法》第 38 条；《建设工程安全生产管理条例》第 34 条、第 35 条；《危险化学品安全管理条例》第 26 条

第三十七条　【特殊特种设备的管理】生产经营单位使用的危险物品的容器、运输工具，以及涉及人身安全、危险性较大的海洋石油开采特种设备和矿山井下特种设备，必须按照国家有关规定，由专业生产单位生产，并经具有专业资质的检测、检验机构检测、检验合格，取得安全使用证或者安全标志，方可投入使用。检测、检验机构对检测、检验结果负责。

实务应用

18. 关于危险物品容器、运输工具的生产许可制度，法律法规有何规定？

2005年制定的《工业产品生产许可证管理条例》明确规定，国家对危险化学品及其包装物、容器等影响生产安全、公共安全的产品实行生产许可证制度。2013年12月7日修订的《危险化学品安全管理条例》规定，危险化学品包装物、容器的材质以及危险化学品包装的型式、规格、方法和单件质量（重量），应当与所包装的危险化学品的性质和用途相适应。取得许可证的企业生产的危险化学品包装物、容器经国务院有关部门认定的检验机构检验合格，方可出厂销售。运输危险化学品的船舶及其配载的容器，应当按照国家船舶检验规范进行生产，并经海事管理机构认定的船舶检验机构检验合格，方可投入使用。对重复使用的危险化学品包装物、容器，使用单位在重复使用前应当进行检查；发现存在安全隐患的，应当维修或者更换。使用单位应当对检查情况作好记录，记录的保存期限不得少于2年。2010年8月25日，原国家质量监督检验检疫总局发布了《关于公布实行生产许可证制度管理的产品目录的公告》（2010年第90号），将“危险化学品包装物、容器”纳入实行生产许可证制度管理的产品目录。生产列入国家实行生产许可证制度的工业产品目录的危险化学品包装物、容器的企业，应当依照《工业产品生产许可证管理条例》的规定，取得工业产品生产许可证；其生产的危险化学品包装物、容器经国务院质量监督检验检疫部门认定的检验机构检验合格，方可出厂销售。

19. 特种设备生产单位应具备哪些条件方可从事生产活动？

根据《特种设备安全法》第18条的规定，国家按照分类监督管理的原则对特种设备生产实行许可制度，特种设备生产单位应当具备下列条件，并经负责特种设备安全监督管理的部门许可，方可从事生产活动：（1）有与生产相适应的专业技术人员；（2）有与生产相适应的设备、设施和工作场所；（3）有健全的质量保证、安全管理和岗位责任等制度。对于生产单位的专业性要求，能有效保证产品的安全使用效能。

关联参见

《特种设备安全法》第2条、第18—25条；《建设工程安全生产管理条例》第35条；《危险化学品安全管理条例》第20条、第21条

第三十八条　【淘汰制度】 国家对严重危及生产安全的工艺、设备实行淘汰制度，具体目录由国务院应急管理部门会同国务院有关部门制定并公布。法律、行政法规对目录的制定另有规定的，适用其规定。

省、自治区、直辖市人民政府可以根据本地区实际情况制定并公布具体目录，对前款规定以外的危及生产安全的工艺、设备予以淘汰。

生产经营单位不得使用应当淘汰的危及生产安全的工艺、设备。

条文解读

危及生产安全的工艺、设备 ➲ 危及生产安全的工艺、设备分两个等级，一是严重危及生产安全的工艺、设备；二是其他危及生产安全的工艺、设备。

严重危及生产安全的工艺、设备是指不符合生产安全要求，极有可能导致生产安全事故发生，致使人民群众生命和财产遭受重大损失的工艺、设备。此类工艺、设备淘汰目录由国务院应急管理部门会同有关部门制定并公布。

其他危及生产安全的工艺、设备，与严重危及生产安全的工艺、设备相比，危险性较低，有的工艺、设备在生产经营单位及其从业人员履行了适当的注意义务或者附加了必要的防护条件后，可以尽量避免事故的发生。此类工艺、设备的淘汰目录由省级人民政府制定。

生产经营单位不得使用应当淘汰的危及生产安全的工艺、设备，是禁止性规定，生产经营单位必须执行，不得继续使用此类工艺和设备，也不得转让他人使用，否则，应当承担相应的法律责任。

关联参见

《煤炭法》第 29 条；《建设工程安全生产管理条例》第 45 条

第三十九条　【危险物品的监管】 生产、经营、运输、储存、使用危险物品或者处置废弃危险物品的，由有关主管部门依照有关法律、法规的规定和国家标准或者行业标准审批并实施监督管理。

生产经营单位生产、经营、运输、储存、使用危险物品或者处置废弃危险物品，必须执行有关法律、法规和国家标准或者行业标准，建立专门的安全管理制度，采取可靠的安全措施，接受有关主管部门依法实施的监督管理。

条文解读

危险物品的生产、经营、储存、使用、运输以及处置废弃危险物品等活动具有较大的危险性，一旦发生事故，将会对国家和广大人民群众的生命财产安全造成重大损害，因而需要生产经营单位采取安全、可靠的安全防护和应急处置措施。比如，根据《危险化学品安全管理条例》

的规定，生产、储存、使用、经营、运输危险化学品的单位的主要负责人对本单位的危险化学品安全管理工作全面负责。危险化学品单位应当具备法律、行政法规规定和国家标准、行业标准要求的安全条件，建立、健全安全管理规章制度和岗位安全责任制度，对从业人员进行安全教育、法制教育和岗位技术培训。从业人员应当接受教育和培训，考核合线装置应当设置明显的放射性标识和中文警示说明。生产、销售、使用、储存、处置放射性物质和射线装置的场所，以及运输放射性物质和含放射源的射线装置的工具，应当设置明显的放射性标志。

实务应用

20. 生产经营单位生产、经营、运输、储存、使用危险物品或者处置废弃危险物品，应当履行哪些义务？

生产经营单位生产、经营、运输、储存、使用危险物品或者处置废弃危险物品，应当履行以下义务：（1）执行有关法律、法规和国家标准或者行业标准。（2）建立专门的安全管理制度。比如，按照有关行政法规的规定，民用爆炸物品从业单位（包括生产、销售、爆破等企业）应当建立安全管理制度、岗位安全责任制度，制订安全防范措施和事故应急预案，设置安全管理机构或者配备专职安全管理人员。（3）采取可靠的安全措施。比如，生产、储存危险化学品的单位，应当根据其生产、储存的危险化学品的种类和危险特性，在作业场所设置相应的监测、监控、通风、防晒、调温、防火、灭火、防爆、泄压、防毒、中和、防潮、防雷、防静电、防腐、防泄漏以及防护围堤或者隔离操作等安全设施、设备，并在其作业场所和安全设施、设备上设置明显的安全警示标志。（4）接受有关主管部门依法实施的监督管理。

16. 购买氰化钠用于电镀生产，未发生事故，未发现严重环境污染，没有造成严重后果，能否从轻处罚？①

王召成等非法买卖、储存危险物质案

（最高人民法院审判委员会讨论通过　2013年1月31日发布）

关键词　刑事　非法买卖、储存危险物质　毒害性物质

裁判要点

1. 国家严格监督管理的氰化钠等剧毒化学品，易致人中毒或者死亡，对人体、环境具有极大的毒害性和危险性，属于刑法第一百二十五条第二款规定的“毒害性”物质。

2. “非法买卖”毒害性物质，是指违反法律和国家主管部门规定，未经有关主管部门批准许可，擅自购买或者出售毒害性物质的行为，并不需要兼有买进和卖出的行为。

相关法条

《中华人民共和国刑法》第一百二十五条第二款

基本案情

公诉机关指控：被告人王召成、金国森、孙永法、钟伟东、周智明非法买卖氰化钠，危害公共安全，且系共同犯罪，应当以非法买卖危险物质罪追究刑事责任，但均如实供述自己的罪行，购买氰化钠用于电镀，未造成严重后果，可以从轻处罚，并建议对五被告人适用缓刑。

被告人王召成的辩护人辩称：氰化钠系限用而非禁用剧毒化学品，不属于毒害性物质，王召成等人擅自购买氰化钠的行为，不符合刑法第一百二十五条第二款规定的构成要件，在未造成严重后果的情形下，不应当追究刑事责任，故请求对被告人宣告无罪。

法院经审理查明：被告人王召成、金国森在未依法取得剧毒化学品

① 最高人民法院指导案例13号。

购买、使用许可的情况下，约定由王召成出面购买氰化钠。2006 年 10 月至 2007 年年底，王召成先后 3 次以每桶 1000 元的价格向倪荣华（另案处理）购买氰化钠，共支付给倪荣华 40000 元。2008 年 8 月至 2009 年 9 月，王召成先后 3 次以每袋 975 元的价格向李光明（另案处理）购买氰化钠，共支付给李光明 117000 元。王召成、金国淼均将上述氰化钠储存在浙江省绍兴市南洋五金有限公司其二人各自承包车间的带锁仓库内，用于电镀生产。其中，王召成用总量的三分之一，金国淼用总量的三分之二。2008 年 5 月和 2009 年 7 月，被告人孙永法先后共用 2000 元向王召成分别购买氰化钠 1 桶和 1 袋。2008 年 7、8 月间，被告人钟伟东以每袋 1000 元的价格向王召成购买氰化钠 5 袋。2009 年 9 月，被告人周智明以每袋 1000 元的价格向王召成购买氰化钠 3 袋。孙永法、钟伟东、周智明购得氰化钠后，均储存于各自车间的带锁仓库或水槽内，用于电镀生产。

裁判结果

浙江省绍兴市越城区人民法院于 2012 年 3 月 31 日作出（2011）绍越刑初字第 205 号刑事判决，以非法买卖、储存危险物质罪，分别判处被告人王召成有期徒刑三年，缓刑五年；被告人金国淼有期徒刑三年，缓刑四年六个月；被告人钟伟东有期徒刑三年，缓刑四年；被告人周智明有期徒刑三年，缓刑三年六个月；被告人孙永法有期徒刑三年，缓刑三年。宣判后，五被告人均未提出上诉，判决已发生法律效力。

裁判理由

法院生效裁判认为：被告人王召成、金国淼、孙永法、钟伟东、周智明在未取得剧毒化学品使用许可证的情况下，违反国务院《危险化学品安全管理条例》等规定，明知氰化钠是剧毒化学品仍非法买卖、储存，危害公共安全，其行为均已构成非法买卖、储存危险物质罪，且系共同犯罪。关于王召成的辩护人提出的辩护意见，经查，氰化钠虽不属于禁用剧毒化学品，但系列入危险化学品名录中严格监督管理的限用的剧毒化学品，易致人中毒或者死亡，对人体、环境具有极大的毒害性和极度危险性，极易对环境和人的生命健康造成重大威胁和危害，属于刑法第一百二十五条第二款规定的“毒害性”物质；“非法买卖”毒害性物质，是指违反法律和国家主管部门规定，未经有关主管部门批准许可，擅自购买或者出售毒害性物质的行为，并不需要兼有买进和卖出的行为；王召成等人不具备购买、储存氰化钠的资格和条件，违反国家有关监管规定，非法买卖、储存大量剧毒化学品，逃避有关主管部门的安全监督管理，破坏危险化学品管理秩序，已对人民群众的生命、健康和财产安全产生现实威胁，足以危害公共安全，故王召成等人的行为已构成非法买卖、储存危险物质罪，上述辩护意见不予采纳。王召成、金国森、孙永法、钟伟东、周智明到案后均能如实供述自己的罪行，且购买氰化钠用于电镀生产，未发生事故，未发现严重环境污染，没有造成严重后果，依法可以从轻处罚。根据五被告人的犯罪情节及悔罪表现等情况，对其可依法宣告缓刑。公诉机关提出的量刑建议，王召成、钟伟东、周智明请求从轻处罚的意见，予以采纳，故依法作出如上判决。

关联参见

《安全生产法》第117条；《放射性污染防治法》第9条、第17条；《危险化学品安全管理条例》第4—6条、第24条、第25条；《烟花爆竹安全管理条例》第22—27条

第四十条　【重大危险源的管理和备案】 生产经营单位对重大危险源应当登记建档，进行定期检测、评估、监控，并制定应急预案，告知从业人员和相关人员在紧急情况下应当采取的应急措施。

生产经营单位应当按照国家有关规定将本单位重大危险源及有关安全措施、应急措施报有关地方人民政府应急管理部门和有关部门备案。有关地方人民政府应急管理部门和有关部门应当通过相关信息系统实现信息共享。

条文解读

重大危险源的安全管理措施包括：一是登记建档；二是进行定期检测、评估、监控；三是制定应急预案；四是告知从业人员和相关人员在紧急情况下应当采取的应急措施。重大危险源及安全措施、应急措施备案的目的，主要是便于应急管理部门和有关部门及时、全面地掌握生产经营单位重大危险源的分布以及具体危害情况，可以有针对性地采取措施，加强监督管理，经常性进行检查，防止生产安全事故的发生。

危险化学品企业的重大危险源的主要负责人负有安全包保责任。安全包保，是指危险化学品企业按照要求，专门为重大危险源指定主要负责人、技术负责人和操作负责人，并由其包联保证重大危险源安全管理措施落实到位的一种安全生产责任制。

重大危险源的主要负责人，对所包保的重大危险源负有下列安全职责：（1）组织建立重大危险源安全包保责任制并指定对重大危险源负有安全包保责任的技术负责人、操作负责人；（2）组织制定重大危险源安全生产规章制度和操作规程，并采取有效措施保证其得到执行；（3）组织对重大危险源的管理和操作岗位人员进行安全技能培训；（4）保证重大危险源安全生产所必需的安全投入；（5）督促、检查重大危险源安全生产工作；（6）组织制定并实施重大危险源生产安全事故应急救援预案；（7）组织通过危险化学品登记信息管理系统填报重大危险源有关信息，保证重大危险源安全监测监控有关数据接入危险化学品安全生产风险监测预警系统。

重大危险源档案 ➔ 重大危险源档案应当包括的文件、资料有：辨识、分级记录；重大危险源基本特征表；涉及的所有化学品安全技术说明书；区域位置图、平面布置图、工艺流程图和主要设备一览表；重大危险源安全管理规章制度及安全操作规程；安全监测监控系统、措施说明、检测、检验结果；重大危险源事故应急预案、评审意见、演练计划和评估报告；安全评估报告或者安全评价报告；重大危险源关键装置、重点部位的责任人、责任机构名称；重大危险源场所安全警示标志的设置情况；其他文件、资料。

关联参见

《安全生产法》第 117 条；《危险化学品安全管理条例》第 19 条

第四十一条　【安全风险管控制度和事故隐患治理制度】 生产经营单位应当建立安全风险分级管控制度，按照安全风险分级采取相应的管控措施。

生产经营单位应当建立健全并落实生产安全事故隐患排查治理制度，采取技术、管理措施，及时发现并消除事故隐患。事故隐患排查治理情况应当如实记录，并通过职工大会或者职工代表大会、信息公示栏等方式向从业人员通报。其中，重大事故隐患排查治理情况应当及时向负有安全生产监督管理职责的部门和职工大会或者职工代表大会报告。

县级以上地方各级人民政府负有安全生产监督管理职责的部门应当将重大事故隐患纳入相关信息系统，建立健全重大事故隐患治理督办制度，督促生产经营单位消除重大事故隐患。

条文解读

生产安全事故隐患 ➲ 生产安全事故隐患（以下简称事故隐患），是指生产经营单位违反安全生产法律、法规、规章、标准、规程和安全生产管理制度的规定，或者因其他因素在生产经营活动中存在可能导致事故发生的物的危险状态、人的不安全行为和管理上的缺陷。事故隐患是导致事故发生的主要根源之一。根据现行标准的规定，隐患主要有三个方面：人的不安全行为、物的不安全状态和管理上的缺陷。生产经营单位的事故隐患分为一般事故隐患和重大事故隐患，一般事故隐患，是指危害和整改难度较小，发现后能够立即整改排除的隐患。重大事故隐患，是指危害和整改难度较大，应当全部或者局部停产停业，并经过一定时间整改治理方能排除的隐患，或者因外部因素影响致使生产经营单位自身难以排除的隐患。

第四十二条　【生产经营场所和员工宿舍安全要求】 生产、经营、储存、使用危险物品的车间、商店、仓库不得与员工宿舍在同一座建筑物内，并应当与员工宿舍保持安全距离。

生产经营场所和员工宿舍应当设有符合紧急疏散要求、标志明显、保持畅通的出口、疏散通道。禁止占用、锁闭、封堵生产经营场所或者员工宿舍的出口、疏散通道。

案例指引

17. 公司将经营场所与员工宿舍设在同一建筑物内，导致员工因火灾事故受伤，是否应负赔偿责任？①

原告在被告某涵公司工作，公司经营地址在昆明市度假区的一处商铺，一楼商铺为公司的办公经营场所，二楼为员工宿舍。2015 年 9 月 12 日 2 时 8 分左右，商铺发生火灾事故，致原告王某辉受伤，后经昆明市公安消防支队滇池旅游度假区大队作出《火灾事故认定书》确认：火灾烧损被告袁某光及房屋所有权人何某的房屋装修装饰、操作台、塑料制成品等财物，并造成原告王某辉、王某祥不同程度受伤；经调查，对起火原因认定如下：起火部位位于商铺东侧墙壁，排除防火、电器线路故障、小孩玩火、雷击、用火不慎引发火灾的可能，但不排除吸烟引发火灾的可能。原告受伤后被送往昆明医科大学第二附属医院进行治疗，花费的医疗费共计人民币 64927.09 元，造成三级伤残。王某辉向一审法院请求赔偿各项费用。

---

① 参见《某涵公司、王某辉生命权、健康权、身体权纠纷二审民事判决书》，案号：(2017) 云 01 民终 7122 号，载中国裁判文书网。

一审法院认为，本案争议的焦点之一是被告某涵公司是否存在过错，该过错与原告损害后果有无因果关系，原被告各应当承担多少比例的责任。

根据《安全生产法》第39条[①]第1款“生产、经营、储存、使用危险物品的车间、商店、仓库不得与员工宿舍在同一座建筑物内，并应当与员工宿舍保持安全距离”之规定，被告某涵公司一楼经营场所存放的印刷材料属易燃危险物品，公司员工宿舍依法不得与经营场所在同一座建筑物内。被告某涵公司违反国家禁止性规定，其经营场所发生火灾将在宿舍内的原告烧伤，被告某涵公司存在过错，该过错与原告的损害后果间存在因果关系。而被告所抗辩的起火原因是由原告及同住的案外人王某祥抽烟引起的，其所举证据是消防部门出具的《火灾事故认定书》，该《火灾事故认定书》认定，不排除吸烟引起火灾的可能。由此可见吸烟引发火灾仅为一种可能性，而不具有唯一性，故由被告某涵公司承担举证不能的不利后果，对被告这一抗辩主张不予支持，对原告要求被告承担赔偿责任的诉讼请求予以支持。原告作为公司员工也应该有安全意识，公司安排有安全隐患的住所由其居住，其拥有提出建议的权利和拒绝住宿的义务；依据《侵权责任法》第16条[②]“侵害他人造成人身损害的，应当赔偿医疗费、护理费、交通费等为治疗和康复支出的合理费用，以及因误工减少的收入。造成残疾的，还应当赔偿残疾生活辅助具费和残疾赔偿金。造成死亡的，还应当赔偿丧葬费和死亡赔偿金”之规定，被告应承担侵权赔偿责任；依据《侵权责任法》第26条[③]“被侵权人对损害的发生也有过错的，可以减轻侵权人的责任”之规定，原告自身也有一定的过错，一审法院认为原告应承担20%的责任，被告某涵公司应承担80%的责任。

二审法院认可一审法院关于责任承担的意见。

---

① 现为《安全生产法》第42条。

② 现为《民法典》第1179条。

③ 现为《民法典》第1173条。

第四十三条 【危险作业的现场安全管理】 生产经营单位进行爆破、吊装、动火、临时用电以及国务院应急管理部门会同国务院有关部门规定的其他危险作业，应当安排专门人员进行现场安全管理，确保操作规程的遵守和安全措施的落实。

条文解读

爆破、吊装、动火、临时用电以及国务院应急管理部门会同国务院有关部门规定的其他危险作业具有较大的危险性，容易发生事故，而且一旦发生事故，将会对作业人员和有关人员造成较大的伤害。因此，进行危险作业时，作业人员必须严格按照操作规程进行操作，同时生产经营单位应当采取必要的事故防范措施，以防止生产安全事故的发生。

实务应用

21. 申请从事爆破作业的单位，应当具备什么条件？

申请从事爆破作业的单位，应当具备一定的条件，如有符合国家有关标准和规范的民用爆炸物品专用仓库，有具备相应资格的安全管理人员、仓库管理人员和具备国家规定执业资格的爆破作业人员，有符合国家标准、行业标准的爆破作业专用设备等。爆破作业单位应当对本单位的爆破作业人员、安全管理人员、仓库管理人员进行专业技术培训。爆破作业人员应当经设区的市级人民政府公安机关考核合格，取得《爆破作业人员许可证》后，方可从事爆破作业。爆破作业单位应当按照其资质等级承接爆破作业项目，爆破作业人员应当按照其资格等级从事爆破作业。实施爆破作业，应当遵守国家有关标准和规范，在安全距离以外设置警示标志并安排警戒人员，防止无关人员进入；爆破作业结束后应当及时检查、排除未引爆的民用爆炸物品。

关联参见

《建设工程安全生产管理条例》第 17 条

第四十四条　【从业人员的安全管理】生产经营单位应当教育和督促从业人员严格执行本单位的安全生产规章制度和安全操作规程；并向从业人员如实告知作业场所和工作岗位存在的危险因素、防范措施以及事故应急措施。

生产经营单位应当关注从业人员的身体、心理状况和行为习惯，加强对从业人员的心理疏导、精神慰藉，严格落实岗位安全生产责任，防范从业人员行为异常导致事故发生。

条文解读

安全生产规章制度和安全操作规程 ➔ 生产经营单位的安全生产规章制度主要包括两个方面的内容：一是安全生产管理方面的规章制度；二是安全技术方面的规章制度。规程是对工艺、操作、安装、检定、安全、管理等具体技术要求和实施程序所作的统一规定，安全操作规程是指在生产活动中，为消除导致人身伤亡或者造成设备、财产破坏以及危害环境的因素而制定的具体技术要求和实施程序的统一规定。安全生产规章制度和安全操作规程，是保证生产经营活动安全进行的重要制度保障，从业人员在进行作业时必须严格执行。

本条第 2 款主要针对近年来因从业人员行为异常引发生产安全事故的情况时有发生。要求生产经营单位关注从业人员身体、心理状况和行为习惯，就是为了确保从业人员的生理、心理状况和行为习惯符合岗位的安全生产要求，避免事故发生。

实务应用

22. 生产经营单位应如何保障从业人员的知情权？

向从业人员告知作业场所和工作岗位的危险因素、防范措施以及事故应急措施，是保障从业人员知情权的重要内容。因此，本条把这一告知义务规定为生产经营单位强制性的法定义务，生产经营单位必须遵守。生产经营单位应当如实告知，是指按实际情况告知从业人员，不得隐瞒，不得省略，更不能欺骗从业人员。告知的内容包括三个方面：（1）作业场所和工作岗位存在的危险因素的种类、性质以及可能导致何种生产安全事故；（2）对这些危险因素的防范措施；（3）针对该作业场所和工作岗位的可能导致的生产安全事故的种类和特点，事先制定的在发生生产安全事故时的应急措施。告知的形式可以是多种多样的，如组织从业人员进行学习，或者在作业场所和工作岗位设置公告栏，将有关内容予以公告等。

第四十五条　【劳动防护用品】生产经营单位必须为从业人员提供符合国家标准或者行业标准的劳动防护用品，并监督、教育从业人员按照使用规则佩戴、使用。

条文解读

劳动防护用品 ➲ 劳动防护用品主要是指劳动者在生产过程中为免遭或者减轻事故伤害和职业危害所配备的防护装备。国家对劳动防护用品的产品质量指标和技术条件，制定了一系列技术标准。如对安全帽、自吸过滤式防尘口罩、防冲击眼护具、阻燃防护服等防护用品，均制定了国家标准，并根据情况变化，适时修订。生产经营单位为劳动者提供的劳动防护用品，应该是符合国家标准或者行业标准的、合格的劳动防护用品，只有这样，才能真正起到保障劳动者劳动安全的作用。

实务应用

23. 生产经营单位可否以货币或其他物品代替发放劳动防护用品？

生产经营单位必须把劳动防护用品发放到从业人员手中，不得以货币或其他物品替代应当配备的劳动防护用品。生产经营单位还应当建立健全劳动防护用品的购买、验收、保管、发放、使用、更换、报废等管理制度，并应按照劳动防护用品的使用要求，在使用前对其防护功能进行必要的检查。

第四十六条　【安全检查和报告义务】生产经营单位的安全生产管理人员应当根据本单位的生产经营特点，对安全生产状况进行经常性检查；对检查中发现的安全问题，应当立即处理；不能处理的，应当及时报告本单位有关负责人，有关负责人应当及时处理。检查及处理情况应当如实记录在案。

生产经营单位的安全生产管理人员在检查中发现重大事故隐患，依照前款规定向本单位有关负责人报告，有关负责人不及时处理的，安全生产管理人员可以向主管的负有安全生产监督管理职责的部门报告，接到报告的部门应当依法及时处理。

实务应用

24. 生产经营单位的安全管理人员对本单位的安全生产状况进行检查，主要涉及哪些内容？

生产经营单位的安全生产管理人员应当根据本单位的生产经营特点，对本单位的安全生产状况进行经常性的检查。一般来说，安全检查主要涉及安全生产规章制度是否健全、完善，安全设备、设施是否处于正常的运行状态，从业人员是否具备应有的安全知识和操作技能，从业人员在工作中是否严格遵守安全生产规章制度和操作规程，从业人员的劳动防护用品是否符合标准以及是否有其他事故隐患等。

25. 对于在检查中发现的安全问题，应当如何处理？

生产经营单位的安全生产管理人员在对本单位的安全生产状况进行检查的过程中，发现存在的安全问题，可以处理的应当立即采取措施进行处理，如发现劳动者没有穿戴安全防护措施，应当立即要求其改正。对于不能当场处理的安全问题，如安全设施不合格，需要改建等情况，安全生产管理人员无法立即采取措施进行处理的，应该立即将这一情况报告本单位的主要负责人或者是主管安全生产工作的其他负责人，报告应当包括安全问题发现的时间、具体情况以及如何解决等内容。有关负责人在接到报告后，应当及时处理。

生产经营单位的安全生产管理人员还应当将安全检查的情况，包括检查的时间、范围、内容，发现的问题及其处理情况等都详细地记录在案，记入本单位的安全生产档案，作为日后完善相关制度的参考或者在发生事故时作为调查事故原因的依据等。

生产经营单位的安全生产管理人员在检查中发现重大事故隐患，已经向本单位主要负责人或者主管安全生产工作的其他负责人报告，主要负责人或者主管安全生产工作的其他负责人接到报告后，可能由于各种原因，采取不予处理或者不立即处理的措施。针对这些情况，本条规定，安全生产管理人员可以向主管的负有安全生产监督管理职责的部门报告，这是法律赋予安全生产管理人员的报告重大事故隐患权利。同时，还规定接到报告的部门应当依法及时处理。这里讲的依法及时处理，是指依照本法和其他有关法律、法规、规章的规定及时进行处理。

第四十七条　【安全生产经费保障】生产经营单位应当安排用于配备劳动防护用品、进行安全生产培训的经费。

条文解读

本条是关于生产经营单位保障用于配备劳动防护用品、进行安全生产培训的经费的规定。本法用多个条款对安全生产的经费问题作了规定，包括要求生产经营单位的决策机构、主要负责人或者个人经营的投资人保证本单位应当具备的安全生产条件所必需的资金投入；生产经营单位应当按照规定提取和使用安全生产经费专门用于完善和改进安全生产条件的有关支出；要求生产经营单位将新建、改建、扩建工程项目的安全设施投资纳入建设项目概算。

实务应用

26. 生产经营单位可否让从业人员承担劳动防护用品、安全生产培训的费用?

为从业人员配备劳动防护用品、进行安全生产培训是生产经营单位的法定义务，本法规定由生产经营单位安排相关经费，生产经营单位不得让从业人员承担这些费用，不得让从业人员缴纳劳动防护用品费、培训费等费用，不得以这些费用为由克扣从业人员的工资、福利等待遇。

第四十八条　【安全生产协作】 两个以上生产经营单位在同一作业区域内进行生产经营活动，可能危及对方生产安全的，应当签订安全生产管理协议，明确各自的安全生产管理职责和应当采取的安全措施，并指定专职安全生产管理人员进行安全检查与协调。

条文解读

本条是关于不同生产经营单位安全生产协作的规定。两个以上生产经营单位在同一作业区域内进行生产经营活动，可能危及对方生产安全的，应当进行安全生产方面的协作。协作的主要形式是签订并执行安全生产管理协议。各单位应当通过安全生产管理协议互相告知本单位生产的特点、作业场所存在的危险因素、防范措施以及事故应急措施，以使各个单位对该作业区域的安全生产状况有一个整体上的把握。同时，各单位还应当在安全生产管理协议中明确各自的安全生产管理职责和应当采取的安全措施，做到职责清楚，分工明确。为了使安全生产管理协议真正得到贯彻，保证作业区域内的生产安全，各生产经营单位还应当指定专职的安全生产管理人员对作业区域内的安全生产状况进行检查，对检查中发现的安全生产问题及时进行协调、解决。

实务应用

27. 两个以上单位在同一作业区域内进行生产经营活动，可能危及对方生产安全的，各生产经营单位是否可以不签订安全生产管理协议？

本条规定是强行性规定。各生产经营单位之间的谈判过程可以是自由进行的，谈判达成的协议中关于安全生产管理职责和责任的分配也可以自主决定，但是，多个生产经营单位只要符合本条规定的情形，就必须签订安全生产管理协议，并且协议中应当有关于各方安全生产管理职责和应当采取的安全措施的内容。安全生产管理协议既是有关生产经营单位履行各自安全生产管理职责的依据，也是判明安全生产事故责任的一个重要依据。未按本条规定签订安全生产管理协议的，应当承担相应的法律责任。

第四十九条　【生产经营项目、施工项目的安全管理】 生产经营单位不得将生产经营项目、场所、设备发包或者出租给不具备安全生产条件或者相应资质的单位或者个人。

生产经营项目、场所发包或者出租给其他单位的，生产经营单位应当与承包单位、承租单位签订专门的安全生产管理协议，或者在承包合同、租赁合同中约定各自的安全生产管理职责；生产经营单位对承包单位、承租单位的安全生产工作统一协调、管理，定期进行安全检查，发现安全问题的，应当及时督促整改。

矿山、金属冶炼建设项目和用于生产、储存、装卸危险物品的建设项目的施工单位应当加强对施工项目的安全管理，不得倒卖、

出租、出借、挂靠或者以其他形式非法转让施工资质，不得将其承包的全部建设工程转包给第三人或者将其承包的全部建设工程支解以后以分包的名义分别转包给第三人，不得将工程分包给不具备相应资质条件的单位。

条文解读

针对实践中以租代管、以包代管，企业安全管理工作混乱的问题，本条对生产经营项目、场所、设备发包或出租的安全生产责任进行了规定。比如，生产经营单位从事其资质等级许可的范围外的生产经营活动，由于资金、技术、人员等方面的条件达不到要求，必然使得生产安全无法得到保障，因此本条严格禁止将生产经营项目、场所、设备发包或者出租给不具备安全生产条件或者相应资质的单位或者个人。

本条第 2 款规定，生产经营项目、场所有多个承包单位、承租单位的，生产经营单位应当与承包单位、承租单位对安全生产管理方面的问题予以约定。生产经营单位与承包单位、承租单位就安全生产管理问题进行约定的方式有两种：一种是签订专门的安全生产管理协议；另一种是不签订专门的协议，而是在承包合同、承租合同中对各自的安全生产管理职责进行约定。在约定中，生产经营单位可以与承包单位、承租单位就各自在安全生产管理中的权利、义务以及事故发生时的责任承担等问题进行协商确定。

本条第 3 款主要是针对矿山、金属冶炼、危险物品等建设项目，因其专业性强，建设管理不规范极易导致重特大事故发生。特别是一些重大安全事故中暴露出企业项目管理混乱，倒卖、出租、出借、挂靠或者以其他形式非法转让施工资质，非法转包分包等问题。

实务应用

28. 生产经营单位可否因与承包单位、承租单位的约定而减轻自己在安全生产方面的责任？

生产经营单位与承包单位、承租单位在安全生产管理方面的约定，只对约定双方有约束力，不具有对外效力。也就是说，生产经营单位不能因为有了约定而减轻自己在安全生产方面的责任，生产经营单位应对该项目、场所的安全生产全面负责。生产经营单位应对承包单位、承租单位的安全生产工作统一协调、管理，还要定期进行安全检查，发现安全问题的，应当及时督促整改。如果该生产经营项目、场所有违反本法或有关法律、行政法规关于安全生产的管理规定的行为，应由生产经营单位承担相应的责任；如果发生了生产安全事故，生产经营单位应承担相应的责任。生产经营单位在承担了相应的责任后，可以根据安全生产管理协议的约定，追究承包单位、承租单位的责任。

第五十条　【单位主要负责人组织事故抢救职责】 生产经营单位发生生产安全事故时，单位的主要负责人应当立即组织抢救，并不得在事故调查处理期间擅离职守。

条文解读

生产安全事故的处理 ➲ 生产经营单位的主要负责人作为本单位的主要领导以及安全生产的第一责任人，在事故发生后，应当坚守岗位，组织事故抢救，并积极配合有关部门进行事故调查处理。如果单位发生的生产安全事故属于重大责任事故，且有关人员的行为构成《刑法》规定的重大责任事故罪、重大劳动安全事故罪以及其他犯罪的，还可能要追究主要负责人的刑事责任。因此，单位的主要负责人不得擅离职守，而应坚守岗位并等候处理。

关联参见

《生产安全事故报告和调查处理条例》第3条、第35条

第五十一条　【工伤保险和安全生产责任保险】 生产经营单位必须依法参加工伤保险，为从业人员缴纳保险费。

国家鼓励生产经营单位投保安全生产责任保险；属于国家规定的高危行业、领域的生产经营单位，应当投保安全生产责任保险。具体范围和实施办法由国务院应急管理部门会同国务院财政部门、国务院保险监督管理机构和相关行业主管部门制定。

条文解读

工伤保险 ➲ 工伤保险是指职工在劳动过程中发生生产安全事故以及职业病，暂时或者永久地丧失劳动能力时，在医疗和生活上获得物质帮助的一种社会保险制度。工伤保险由单位缴费，个人不缴费。

安全生产责任保险 ➲ 安全生产责任保险是以生产经营过程中因发生意外事故，造成人身伤亡或财产损失，依法应由生产经营单位承担的经济赔偿责任为保险标的（是指作为保险对象的财产用其有关利益，或者是人的寿命和身体，它是保险利益的载体），保险公司按相关保险条款的约定对保险人以外的第三者进行赔偿的责任保险。

案例指引

18. 职工的工伤如何认定？①

孙立兴诉天津新技术产业园区劳动人事局工伤认定案

（最高人民法院审判委员会讨论通过　2014年12月25日发布）

关键词　行政工伤认定　工作原因　工作场所　工作过失

① 最高人民法院指导案例40号。

裁判要点

1.《工伤保险条例》第十四条第一项规定的“因工作原因”，是指职工受伤与其从事本职工作之间存在关联关系。

2.《工伤保险条例》第十四条第一项规定的“工作场所”，是指与职工工作职责相关的场所，有多个工作场所的，还包括工作时间内职工来往于多个工作场所之间的合理区域。

3. 职工在从事本职工作中存在过失，不属于《工伤保险条例》第十六条规定的故意犯罪、醉酒或者吸毒、自残或者自杀情形，不影响工伤的认定。

相关法条

《工伤保险条例》第十四条第一项、第十六条

基本案情

原告孙立兴诉称：其在工作时间、工作地点、因工作原因摔倒致伤，符合《工伤保险条例》规定的情形。天津新技术产业园区劳动人事局（以下简称园区劳动局）不认定工伤的决定，认定事实错误，适用法律不当。请求撤销园区劳动局所作的《工伤认定决定书》，并判令园区劳动局重新作出工伤认定行为。

被告园区劳动局辩称：天津市中力防雷技术有限公司（以下简称中力公司）业务员孙立兴因公外出期间受伤，但受伤不是由于工作原因，而是由于本人注意力不集中，脚底踩空，才在下台阶时摔伤。其受伤结果与其所接受的工作任务没有明显的因果关系，故孙立兴不符合《工伤保险条例》规定的应当认定为工伤的情形。园区劳动局作出的不认定工伤的决定，事实清楚，证据充分，程序合法，应予维持。

第三人中力公司述称：因本公司实行末位淘汰制，孙立兴事发前已被淘汰。但因其原从事本公司的销售工作，还有收回剩余货款的义务，所以才偶尔回公司打电话。事发时，孙立兴已不属于本公司职工，也不是在本公司工作场所范围内摔伤，不符合认定工伤的条件。

法院经审理查明：孙立兴系中力公司员工，2003 年 6 月 10 日上午

受中力公司负责人指派去北京机场接人。其从中力公司所在地天津市南开区华苑产业园区国际商业中心（以下简称商业中心）八楼下楼，欲到商业中心院内停放的红旗轿车处去开车，当行至一楼门口台阶处时，孙立兴脚下一滑，从四层台阶处摔倒在地面上，造成四肢不能活动。经医院诊断为颈髓过伸位损伤合并颈部神经根牵拉伤、上唇挫裂伤、左手臂擦伤、左腿皮擦伤。孙立兴向园区劳动局提出工伤认定申请，园区劳动局于2004年3月5日作出（2004）0001号《工伤认定决定书》，认为根据受伤职工本人的工伤申请和医疗诊断证明书，结合有关调查材料，依据《工伤保险条例》第十四条第五项的工伤认定标准，没有证据表明孙立兴的摔伤事故系由工作原因造成，决定不认定孙立兴摔伤事故为工伤事故。孙立兴不服园区劳动局《工伤认定决定书》，向天津市第一中级人民法院提起行政诉讼。

裁判结果

天津市第一中级人民法院于2005年3月23日作出（2005）一中行初字第39号行政判决：一、撤销园区劳动局所作（2004）0001号《工伤认定决定书》；二、限园区劳动局在判决生效后60日内重新作出具体行政行为。园区劳动局提起上诉，天津市高级人民法院于2005年7月11日作出（2005）津高行终字第0034号行政判决：驳回上诉，维持原判。

裁判理由

法院生效裁判认为：各方当事人对园区劳动局依法具有本案行政执法主体资格和法定职权，其作出被诉工伤认定决定符合法定程序，以及孙立兴是在工作时间内摔伤，均无异议。本案争议焦点包括：一是孙立兴摔伤地点是否属于其“工作场所”？二是孙立兴是否“因工作原因”摔伤？三是孙立兴工作过程中不够谨慎的过失是否影响工伤认定？

一、关于孙立兴摔伤地点是否属于其“工作场所”问题

《工伤保险条例》第十四条第一项规定，职工在工作时间和工作场所内，因工作原因受到事故伤害，应当认定为工伤。该规定中的“工作

场所”，是指与职工工作职责相关的场所，在有多个工作场所的情形下，还应包括职工来往于多个工作场所之间的合理区域。本案中，位于商业中心八楼的中力公司办公室，是孙立兴的工作场所，而其完成去机场接人的工作任务需驾驶的汽车停车处，是孙立兴的另一处工作场所。汽车停在商业中心一楼的门外，孙立兴要完成开车任务，必须从商业中心八楼下到一楼门外停车处，故从商业中心八楼到停车处是孙立兴来往于两个工作场所之间的合理区域，也应当认定为孙立兴的工作场所。园区劳动局认为孙立兴摔伤地点不属于其工作场所，系将完成工作任务的合理路线排除在工作场所之外，既不符合立法本意，也有悖于生活常识。

二、关于孙立兴是否“因工作原因”摔伤的问题

《工伤保险条例》第十四条第一项规定的“因工作原因”，指职工受伤与其从事本职工作之间存在关联关系，即职工受伤与其从事本职工作存在一定关联。孙立兴为完成开车接人的工作任务，必须从商业中心八楼的中力公司办公室下到一楼进入汽车驾驶室，该行为与其工作任务密切相关，是孙立兴为完成工作任务客观上必须进行的行为，不属于超出其工作职责范围的其他不相关的个人行为。因此，孙立兴在一楼门口台阶处摔伤，系为完成工作任务所致。园区劳动局主张孙立兴在下楼过程中摔伤，与其开车任务没有直接的因果关系，不符合“因工作原因”致伤，缺乏事实根据。另外，孙立兴接受本单位领导指派的开车接人任务后，从中力公司所在商业中心八楼下到一楼，在前往院内汽车停放处的途中摔倒，孙立兴当时尚未离开公司所在院内，不属于“因公外出”的情形，而是属于在工作时间和工作场所内。

三、关于孙立兴工作中不够谨慎的过失是否影响工伤认定的问题

《工伤保险条例》第十六条规定了排除工伤认定的三种法定情形，即因故意犯罪、醉酒或者吸毒、自残或者自杀的，不得认定为工伤或者视同工伤。职工从事工作中存在过失，不属于上述排除工伤认定的法定情形，不能阻却职工受伤与其从事本职工作之间的关联关系。工伤事故中，受伤职工有时具有疏忽大意、精力不集中等过失行为，工伤保险正

是分担事故风险、提供劳动保障的重要制度。如果将职工个人主观上的过失作为认定工伤的排除条件，违反工伤保险“无过失补偿”的基本原则，不符合《工伤保险条例》保障劳动者合法权益的立法目的。据此，即使孙立兴工作中在行走时确实有失谨慎，也不影响其摔伤系“因工作原因”的认定结论。园区劳动局以导致孙立兴摔伤的原因不是雨、雪天气使台阶地滑，而是因为孙立兴自己精力不集中导致为由，主张孙立兴不属于“因工作原因”摔伤而不予认定工伤，缺乏法律依据。

综上，园区劳动局作出的不予认定孙立兴为工伤的决定，缺乏事实根据，适用法律错误，依法应予撤销。

关联参见

《工伤保险条例》

第三章　从业人员的安全生产权利义务

第五十二条　【劳动合同的安全条款】生产经营单位与从业人员订立的劳动合同，应当载明有关保障从业人员劳动安全、防止职业危害的事项，以及依法为从业人员办理工伤保险的事项。

生产经营单位不得以任何形式与从业人员订立协议，免除或者减轻其对从业人员因生产安全事故伤亡依法应承担的责任。

条文解读

根据《劳动法》的规定，劳动合同是劳动者与用人单位确立劳动关系，明确双方权利和义务的协议。在此协议中必须具备以下条款：劳动合同期限、工作内容、劳动保护和劳动条件、劳动报酬、劳动纪律、劳动合同终止的条件、违反劳动合同的责任。根据《劳动合同法》的规定，用人单位招用劳动者时，应当如实告知劳动者工作内容、工作条件、工作地点、职业危害、安全生产状况等情况；建立劳动关系，应当订立书面劳动合同。劳动合同应当具备劳动保护、劳动条件和职业危害防护、社会保险等条款。

根据《劳动合同法》第4条第2款的规定，用人单位在制定、修改或者决定有关劳动报酬、工作时间、休息休假、劳动安全卫生、保险福利、职工培训、劳动纪律以及劳动定额管理等直接涉及劳动者切身利益的规章制度或者重大事项时，应当经职工代表大会或者全体职工讨论，提出方案和意见，与工会或者职工代表平等协商确定。

本法从保护从业人员劳动安全，维护从业人员安全生产方面的合法权益的角度，进一步具体规定了劳动合同应当载明的两个法定事项：一是保障从业人员劳动安全，防止职业危害的事项；二是办理工伤保险的事项。

第五十三条　【知情权和建议权】 生产经营单位的从业人员有权了解其作业场所和工作岗位存在的危险因素、防范措施及事故应急措施，有权对本单位的安全生产工作提出建议。

条文解读

知情权 ➔ 生产经营单位的从业人员对于劳动安全的知情权，与从业人员的生命安全和健康关系密切，是保护劳动者生命健康权的重要前提。作业场所和工作岗位存在的危险因素、防范措施及事故应急措施是从业人员知情权的三项主要内容。

《劳动合同法》规定，用人单位应当将直接涉及劳动者切身利益的规章制度和重大事项决定公示，或者告知劳动者；用人单位招用劳动者时，应当如实告知劳动者工作内容、工作条件、工作地点、职业危害、安全生产状况、劳动报酬，以及劳动者要求了解的其他情况等。《职业病防治法》中规定，劳动者享有了解工作场所产生或者可能产生的职业病危害因素、危害后果和应当采取的职业病防护措施的权利。用人单位与劳动者订立劳动合同（含聘用合同）时，应当将工作过程中可能产生的职业病危害及其后果、职业病防护措施和待遇等如实告知劳动者，并在劳动合同中写明，不得隐瞒或者欺骗。劳动者在已订立劳动合同期间因工作岗位或者工作内容变更，从事与所订立劳动合同中未告知的存在职业病危害的作业时，用人单位应当依照规定，向劳动者履行如实告知的义务，并协商变更原劳动合同相关条款。

建议权 ➲ 从业人员有权利参与用人单位的民主管理。从业人员通过参与生产经营的民主管理，可以充分调动其积极性与主动性，可以充分发挥其聪明才智，为本单位献计献策，对安全生产工作提出意见与建议，共同做好生产经营单位的安全生产工作。

第五十四条　【批评、检举、控告、拒绝权】 从业人员有权对本单位安全生产工作中存在的问题提出批评、检举、控告；有权拒绝违章指挥和强令冒险作业。

生产经营单位不得因从业人员对本单位安全生产工作提出批评、检举、控告或者拒绝违章指挥、强令冒险作业而降低其工资、福利等待遇或者解除与其订立的劳动合同。

实务应用

29. 如何理解从业人员在安全生产方面的批评权、检举权和控告权?

批评权是指从业人员对本单位安全生产工作中存在的问题提出批评的权利。法律规定这一权利，有利于从业人员对生产经营单位进行群众监督，促使生产经营单位不断改进本单位的安全生产工作。这里规定的检举权、控告权，是指从业人员对本单位及有关人员违反安全生产法律、法规的行为，有权向主管部门和司法机关进行检举和控告的权利。检举可以署名，也可以不署名；可以用书面形式，也可以用口头形式。但是，从业人员在行使这一权利时，应注意检举和控告的情况必须真实，要实事求是，不能道听途说，无中生有，更不能凭空捏造。法律规定从业人员的检举权、控告权，有利于及时对违法行为作出处理，保障生产安全，防止生产安全事故。

30. 劳动者拒绝用人单位管理人员违章指挥、强令冒险作业，是对劳动合同的违反吗？

本条第2款明确规定，生产经营单位不得因从业人员拒绝违章指挥、强令冒险作业而解除与其订立的劳动合同。根据《劳动合同法》的规定，劳动者拒绝用人单位管理人员违章指挥、强令冒险作业的，不视为违反劳动合同。用人单位违章指挥、强令冒险作业危及劳动者人身安全的，劳动者可以立即解除劳动合同，不需要事先告知用人单位。这是从另一个方面赋予从业人员的权利。另外，《劳动合同法》规定，用人单位有违章指挥或者强令冒险作业危及劳动者人身安全的行为的，依法给予行政处罚；构成犯罪的，依法追究刑事责任；给劳动者造成损害的，应当承担赔偿责任。

第五十五条　【紧急处置权】从业人员发现直接危及人身安全的紧急情况时，有权停止作业或者在采取可能的应急措施后撤离作业场所。

生产经营单位不得因从业人员在前款紧急情况下停止作业或者采取紧急撤离措施而降低其工资、福利等待遇或者解除与其订立的劳动合同。

条文解读

本条第1款赋予了从业人员在紧急情况下，停止作业或在采取可能的应急措施后撤离作业场所的权利，简称紧急撤离权，目的是保护从业人员的人身安全。法律所限定的特定情况是“发现直接危及人身安全的紧急情况”，这是从业人员行使紧急撤离权的前提条件，也就是从业人员紧急撤离权需要在法律所限定的特定情况下行使，即发现直接危及人身安全的紧急情况，如果不撤离会对其生命安全和健康造成直接的威胁。在此情况下，法律赋予从业人员采取特定措施的权利：停止作业或者在采取可能的应急措施后撤离作业场所。

本条第 2 款是对从业人员紧急撤离权的保护，从业人员在第 1 款规定的紧急情况下行使紧急撤离权，不得因此受到对自己的不利处分。生产经营单位如果降低从业人员的工资、福利等待遇或者解除与其订立的劳动合同，则该类行为归于无效，对降低的工资要给从业人员补发，对福利予以恢复。解除合同的行为无效，原劳动合同依然具有法律效力。《劳动法》《劳动合同法》都相应规定，有法律、行政法规规定的其他情形的，用人单位不得解除劳动合同。这属于安全生产法规定的不得解除劳动合同的特别情形。

实务应用

31. 从业人员行使紧急撤离权是否需要征得有关负责人员的同意?

行使权利的选择权在从业人员，不要求从业人员应当在采取可能的应急措施后或者在征得有关负责人员同意后撤离作业场所。当然，在条件允许的情况下，从业人员可以事先报告或者采取可能的应急措施后再撤离作业场所。同时，实践中要加强对从业人员紧急撤离权的宣传，以最大限度减少人员生产安全事故中的伤亡。

关联参见

《煤炭法》第 34 条；《矿山安全法实施条例》第 44 条；《建设工程安全生产管理条例》第 32 条

第五十六条　【事故后的人员救治和赔偿】 生产经营单位发生生产安全事故后，应当及时采取措施救治有关人员。

因生产安全事故受到损害的从业人员，除依法享有工伤保险外，依照有关民事法律尚有获得赔偿的权利的，有权提出赔偿要求。

条文解读

根据本条第1款的规定，生产经营单位发生生产安全事故后，应当及时采取措施救治有关人员。既包括本单位从业人员，也包括遭到事故伤害的其他人员。生产安全事故责任主体有可能是本单位，也有可能是其他单位，受到事故损害的从业人员有权依据《民法典》等法律法规提出赔偿要求。

关联参见

《职业病防治法》第58条；《工伤保险条例》第33—41条

第五十七条　【落实岗位安全责任和服从安全管理】 从业人员在作业过程中，应当严格落实岗位安全责任，遵守本单位的安全生产规章制度和操作规程，服从管理，正确佩戴和使用劳动防护用品。

第五十八条　【接受安全生产教育和培训义务】 从业人员应当接受安全生产教育和培训，掌握本职工作所需的安全生产知识，提高安全生产技能，增强事故预防和应急处理能力。

实务应用

32. 安全教育培训的内容和形式主要有哪些？

安全教育培训的基本内容包括安全意识、安全知识和安全技能教育三个方面。从业人员接受安全教育培训的形式多种多样，如组织专门的安全教育培训班；班前班后交代安全注意事项，讲评安全生产情况；施工和检修前进行安全措施交底；各级负责人和安全员在作业现场工作时进行安全宣传教育、督促安全法规和制度的贯彻执行；组织安全技术知识讲座、竞赛；召开事故分析会、现场会，分析造成事故原因、责任、教训，制定事故防范措施；组织安全技术交流、安全生产展览，张贴宣传画、标语，设置警示标志，以及利用广播、电影、电视、录像等方式进行安全教育；通过由安全技术部门召开的安全例会、专题会、表彰会、座谈会或者采用安全信息、简报、通报等形式，总结、评比安全生产工作，达到安全教育的目的。从业人员要积极参加上述形式的安全教育培训。

第五十九条　【事故隐患和不安全因素的报告义务】 从业人员发现事故隐患或者其他不安全因素，应当立即向现场安全生产管理人员或者本单位负责人报告；接到报告的人员应当及时予以处理。

条文解读

从业人员的报告义务 ➡ 本条对从业人员发现事故隐患或者其他不安全因素规定了报告义务，符合职工参与安全生产工作的机制要求。其报告义务有两点要求：一是在发现事故隐患或者其他不安全因素后，应当立即报告，因为安全生产事故的特点之一是突发性，如果拖延报告，则使事故发生的可能性加大，发生了事故则更是悔之晚矣。二是接受报告的主体是现场安全生产管理人员或者本单位的负责人，以便于对事故隐患或者其他不安全因素及时作出处理，避免事故的发生。接到报告的人员须及时进行处理，以防止有关人员延误消除事故隐患的时机。

第六十条　【工会监督】 工会有权对建设项目的安全设施与主体工程同时设计、同时施工、同时投入生产和使用进行监督，提出意见。

工会对生产经营单位违反安全生产法律、法规，侵犯从业人员合法权益的行为，有权要求纠正；发现生产经营单位违章指挥、强令冒险作业或者发现事故隐患时，有权提出解决的建议，生产经营单位应当及时研究答复；发现危及从业人员生命安全的情况时，有权向生产经营单位建议组织从业人员撤离危险场所，生产经营单位必须立即作出处理。

工会有权依法参加事故调查，向有关部门提出处理意见，并要求追究有关人员的责任。

实务应用

33. 工会如何对本单位建设项目的安全设施提出意见？

本条第1款规定了工会有权对建设项目的安全设施提出意见。本法第31条也规定："生产经营单位新建、改建、扩建工程项目（以下统称建设项目）的安全设施，必须与主体工程同时设计、同时施工、同时投入生产和使用。安全设施投资应当纳入建设项目概算。"《工会法》第24条规定，工会依照国家规定对新建、扩建企业和技术改造工程中的劳动条件和安全卫生设施与主体工程同时设计、同时施工、同时投产使用进行监督。对工会提出的意见，企业或者主管部门应当认真处理，并将处理结果书面通知工会。由此可见，工会既可以在设计阶段、施工阶段对建设项目的安全设施提出意见，也可以在投产前的检查验收中提出意见；既可以要求生产经营单位按照国家规定增加或者补建安全设施，也可以要求依法改善劳动条件，还可以建议停止施工、投产，待安全设施配套时再行施工等。生产经营单位对工会提出的意见，应当认真处理。对确有法律依据的，应当按照工会的意见处理。对未按照工会的意见处理的，工会还可以向有关主管部门反映，或者向上一级工会反映，要求解决。对工会提出的意见，生产经营单位或者主管部门要认真研究，处理解决，并应当将研究处理结果通知工会。工会的这种监督属于一种群众性监督。

第六十一条　【被派遣劳动者的权利义务】生产经营单位使用被派遣劳动者的，被派遣劳动者享有本法规定的从业人员的权利，并应当履行本法规定的从业人员的义务。

条文解读

本条是对生产经营单位被派遣劳动者的权利义务的规定。2012 年《劳动合同法》的修改进一步规范了劳务派遣制度，强调被派遣劳动者享有与用工单位的劳动者同工同酬的权利。劳务派遣制度存在三个法律主体，分别为劳务派遣单位、被派遣劳动者和用工单位。劳务派遣单位是被派遣劳动者的用人单位，其向社会招用劳动者为其成员，并对应招合格的劳动者进行派遣，行使对劳动者的人事管理权，包括劳动者的录用、辞退、岗前培训、工资支付、社会保险费缴纳等方面的管理。劳务派遣单位与被派遣劳动者之间因签订劳动合同而存在劳动关系。用工单位是指接受劳务派遣用工的单位。本条中使用被派遣劳动者的生产经营单位即用工单位。

被派遣劳动者 ➲ 被派遣劳动者是生产经营单位从业人员的重要组成部分。被派遣劳动者有权依法受到安全生产保障，享有从业人员相应的权利。被派遣劳动者应当履行安全生产职责，尽到安全生产防护、遵守安全规章制度等义务。

用工单位的义务 ➲ 用工单位应当履行下列义务：(1) 执行国家劳动标准，提供相应的劳动条件和劳动保护；(2) 告知被派遣劳动者的工作要求和劳动报酬；(3) 支付加班费、绩效奖金，提供与工作岗位相关的福利待遇；(4) 对在岗被派遣劳动者进行工作岗位所必需的培训；(5) 连续用工的，实行正常的工资调整机制。用工单位不得将被派遣劳动者再派遣到其他用人单位。

实务应用

34. 被派遣劳动者具体享有哪些权利，应承担哪些义务？

根据本法第三章的有关内容，本条规定的“被派遣劳动者享有本法规定的从业人员的权利”，具体指：(1) 从业人员与生产经营单位订立的劳动合同应当载明与从业人员劳动安全有关的事项以及生产经营单位不得以协议免除或者减轻安全事故伤亡责任；（2）从业人员对危险因素、防范措施及事故应急措施的知情权和建议权；（3）对安全问题的批评、检举和控告权，并有权拒绝违章指挥和强令冒险作业；（4）有权在发现直接危及人身安全的紧急情况时停止作业或者在采取可能的应急措施后撤离作业场所；（5）享有因生产安全事故而遭受损害的赔偿权利。被派遣劳动者应履行的义务有：遵守安全生产法律、法规以及规章制度，照章操作；接受安全生产培训；对事故隐患或者不安全因素进行报告；等等。

关联参见

《劳动合同法》第 62—64 条；《劳动合同法实施条例》第 29 条；《劳务派遣暂行规定》第 8—10 条

第四章　安全生产的监督管理

第六十二条　【安全生产监督检查】 县级以上地方各级人民政府应当根据本行政区域内的安全生产状况，组织有关部门按照职责分工，对本行政区域内容易发生重大生产安全事故的生产经营单位进行严格检查。

应急管理部门应当按照分类分级监督管理的要求，制定安全生产年度监督检查计划，并按照年度监督检查计划进行监督检查，发现事故隐患，应当及时处理。

实务应用

35. 县级以上地方各级人民政府应当如何组织有关部门开展安全生产监督检查？

县级以上地方各级人民政府在安全生产监督管理方面应当按照下列要求组织有关部门开展安全生产监督检查：（1）全面了解掌握本行政区域安全生产状况。县级以上地方各级人民政府应当根据本行政区域生产经营活动的特点、分布区域、人员结构等情况，分析可能发生生产安全事故的途径、危害程度以及影响范围。（2）按照各有关部门的职责分工组织安全检查。本法第 10 条对应急管理部门和其他有关部门的安全生产监督管理职责作出了明确规定，县级以上地方各级人民政府应当根据有关部门的职责分工，组织相应行业、领域的安全检查，有关部门应当根据政府的组织安排，依照法律、法规的规定进行安全检查。（3）确定安全检查重点。县级以上地方人民政府应当在调查研究的基础上，确定本行政区域内容易发生重大生产安全事故的生产经营单位。（4）检查必须严格，禁止搞形式，走过场。应当严格按照有关法律、法规、规章和有关国家标准、行业标准的规定进行检查，做到“全覆盖、零容忍、严执法、重实效”。应当采用“四不两直”（不发通知、不打招呼、不听汇报、不用接待和陪同，直奔基层、直插现场），暗查暗访的方式严格检查，不能降低检查的标准和要求，真正做到有法必依、执法必严、违法必究。

36. 应急管理部门履行监督检查职责，应当采用哪些措施？

根据本条第 2 款的规定，应急管理部门履行监督检查职责，应当采用下列措施：（1）对生产经营单位进行分类、分级监督管理。所谓分类，是指根据生产经营单位危险性质的不同，划分不同的行业或者领域类别。所谓分级，是指根据生产经营单位存在的可能引发生产安全事故的风险程度，对其进行等级评估，确定事故风险等级。（2）制定本部门年度监督检查计划，并按照计划实施监督检查。应急管理部门应当根据本部门执法人员的数量、装备配备、执法区域的范围和生产经营单位的数量、分布、生产规模以及安全生产状况等因素科学、合理制定年度监督检查计划。监督检查计划应当包括检查的生产经营单位数量和频次、检查的方式、重点等内容。计划的内容应当明确、具体，具有可操作性，并落实到本部门内设责任机构及人员。计划由本部门主要负责人组织制定。计划一旦确定，不得随意更改。确需调整相关内容的，也应当按照规定报经主要负责人批准。

第六十三条　【安全生产事项的审批、验收】 负有安全生产监督管理职责的部门依照有关法律、法规的规定，对涉及安全生产的事项需要审查批准（包括批准、核准、许可、注册、认证、颁发证照等，下同）或者验收的，必须严格依照有关法律、法规和国家标准或者行业标准规定的安全生产条件和程序进行审查；不符合有关法律、法规和国家标准或者行业标准规定的安全生产条件的，不得批准或者验收通过。对未依法取得批准或者验收合格的单位擅自从事有关活动的，负责行政审批的部门发现或者接到举报后应当立即予以取缔，并依法予以处理。对已经依法取得批准的单位，负责行政审批的部门发现其不再具备安全生产条件的，应当撤销原批准。

条文解读

依照本条规定，负有安全生产监督管理职责的部门必须依法履行以下职责：（1）依法审批、验收。对一些涉及安全生产的事项，应由政府负有安全生产监督管理职责的部门依法进行事前审查批准，包括批准、核准、许可、注册、认证、颁发证明等；对一些高危行业的建设项目的安全设施，要由有关监督管理部门进行检查验收。（2）对依法应当经过审批、验收，而未经审批、验收即从事有关活动的违法行为，必须依法予以取缔、处理。（3）发现已经审批的生产经营单位不再具备安全生产条件的，应当撤销原批准。

案例指引

19. 企业安全生产许可证被收回仍擅自从事生产作业活动，发生安全事故的，如何处理？①

2021年6月4日，江西省甲县应急管理局对甲县某矿开具现场处理

① 参见《人民法院、检察机关依法惩治危害生产安全犯罪典型案例》（2022年12月15日发布），赵某宽、赵某龙危险作业不起诉案，载最高人民法院网 https：//www. court. gov. cn/zixun-xiangqing-383601. html，最后访问日期：2023年5月9日。

措施决定书，收回同年6月6日到期的安全生产许可证，并责令其6月7日前封闭所有地表矿洞。6月12日下午，因矿洞水泵在雨季需要维护，为排出积水使矿点不被淹没，赵某龙经赵某宽同意后，安排王某文拆除封闭矿洞的水泥砖。6月13日16时许，王某文带领程某兴、张某才至矿深150米处维修水泵。因矿洞违规使用木板隔断矿渣，在被水浸泡后木板出现霉变破损，致程某兴在更换水泵过程中被矿渣围困受伤。经鉴定，程某兴伤情评定为轻伤一级。

江西省甲县公安局以涉嫌危险作业罪对赵某宽、赵某龙立案侦查，后移送甲县人民检察院审查起诉。甲县人民检察院经审查认为，赵某宽、赵某龙的行为“具有发生重大伤亡事故或者其他严重后果的现实危险”，符合《刑法》第134条之一第3项之规定，构成危险作业罪。一是本案的“现实危险”具有高度危险性。本案中，涉案企业经营开采矿山作业，与金属冶炼、危险化学品等行业均属高危行业，其生产作业具有高度危险性。企业在安全生产许可证到期并被责令封闭所有地表矿洞的情况下仍强行进入矿洞作业，具有危及人身安全的现实危险。二是本案的“现实危险”具有现实紧迫性。涉案企业所属矿洞因雨季被长期浸泡，现场防护设施不符合规定出现霉变情形，在矿深150米处进行维修水泵的作业过程中，发生隔断木板破损、矿渣掉落致人身体损伤，因为开展及时有效救援，未发生重特大安全事故，具有现实危险。

甲县人民检察院认真贯彻少捕慎诉慎押刑事司法政策，将依法惩罚犯罪与帮助民营企业挽回和减少损失相结合，在听取被害人及当地基层组织要求从宽处理的意见后，对涉案人员依法适用认罪认罚从宽程序。鉴于赵某宽、赵某龙案发后积极抢救伤员、取得被害人谅解，且具有自首情节，犯罪情节较轻，对二人作出相对不起诉决定。同时，针对该企业在生产经营过程中尚未全面排除的安全隐患，向当地应急管理局、自然资源局制发检察建议，联合有关部门对企业后续整改进行指导，督促企业配备合格的防坠保护装置、防护设施及用品、专业应急救援团队等，确保企业负责人及管理人员安全生产知识和管理能力考核合格。该企业在达到申领条件后重新办理了安全生产许可证。

司法机关在办理具体案件过程中，对于涉及安全生产的事项未经依法批准或者许可，擅自从事矿山开采、金属冶炼、建筑施工等生产作业活动，已经发生安全事故，因开展有效救援尚未造成重大严重后果的情形，可以认定为《刑法》第134条之一危险作业罪中“具有发生重大伤亡事故或者其他严重后果的现实危险”。办案中，司法机关应当依法适用认罪认罚从宽制度，全面准确规范落实少捕慎诉慎押刑事司法政策，对于犯罪情节轻微不需要判处刑罚的危险作业犯罪，可以作出不起诉决定。同时，应当注意与应急管理、自然资源等部门加强行刑双向衔接，督促集中排查整治涉案企业风险隐患，推动溯源治理，实现“治罪”与“治理”并重。

关联参见

《安全生产许可证条例》第6条

第六十四条　【审批、验收的禁止性规定】 负有安全生产监督管理职责的部门对涉及安全生产的事项进行审查、验收，不得收取费用；不得要求接受审查、验收的单位购买其指定品牌或者指定生产、销售单位的安全设备、器材或者其他产品。

条文解读

政府部门收取费用，简称行政收费，是指行政机关凭借国家行政权所确立的地位，为个人和组织提供一定的公益服务，或者授予个人或者组织以国家资源、资金的使用权而收取的费用。行政机关收取的费用，依法上交国库。政府及其主管部门履行监督管理职责，是其正常的执行公务活动，所需费用由财政予以保障。

负有安全生产监督管理职责的部门和接受审查、验收的单位之间是一种监督和被监督管理的关系，二者之间不应存在经济关系或者其他利益关系。本条明确规定，禁止负有安全生产监督管理职责的部门以任何形式要求接受审查、验收的单位购买其指定品牌或者指定生产、销售单位的安全设备、器材或者其他产品。这里的“品牌”是指负有安全生产监督管理职责的部门指定的某个或者某些特定品牌。“指定”还包括“变相指定”等相关行为，表现为对审查、验收的单位自行选择购买的合格安全设备、器材或者其他产品不予认可，阻碍接受审查、验收的单位行使自由选择安全设备、器材或者其他产品的权利。

关联参见

《煤矿安全监察条例》第 19 条；《建设工程安全生产管理条例》第 42 条

第六十五条　【监督检查的职权范围】应急管理部门和其他负有安全生产监督管理职责的部门依法开展安全生产行政执法工作，对生产经营单位执行有关安全生产的法律、法规和国家标准或者行业标准的情况进行监督检查，行使以下职权：

（一）进入生产经营单位进行检查，调阅有关资料，向有关单位和人员了解情况；

（二）对检查中发现的安全生产违法行为，当场予以纠正或者要求限期改正；对依法应当给予行政处罚的行为，依照本法和其他有关法律、行政法规的规定作出行政处罚决定；

（三）对检查中发现的事故隐患，应当责令立即排除；重大事故隐患排除前或者排除过程中无法保证安全的，应当责令从危险区域内撤出作业人员，责令暂时停产停业或者停止使用相关设施、设备；重大事故隐患排除后，经审查同意，方可恢复生产经营和使用；

（四）对有根据认为不符合保障安全生产的国家标准或者行业标准的设施、设备、器材以及违法生产、储存、使用、经营、运输的危险物品予以查封或者扣押，对违法生产、储存、使用、经营危险物品的作业场所予以查封，并依法作出处理决定。

监督检查不得影响被检查单位的正常生产经营活动。

条文解读

本条规定了应急管理部门和其他负有安全生产监督管理职责的部门开展安全生产行政执法的具体职权。应急管理部门等开展安全生产监督检查时，不得影响被检查单位的正常生产经营活动。

监督检查权 ➲ 本条规定，在安全生产监督检查中，应急管理部门和其他负有安全生产监督管理职责的部门有以下权力：

1. 现场调查取证权。包括：（1）应急管理部门和其他负有安全生产监督管理职责的部门有权进入生产经营单位进行现场检查，被检查单位不得拒绝。（2）有权向被检查单位调阅与监督检查有关的资料。（3）向有关人员，包括被检查单位的负责人、有关的管理人员、技术人员和作业人员等了解相关的情况。

2. 现场处理权。包括：（1）应急管理部门和其他负有安全生产监督管理职责的部门，对监督检查中发现的安全生产违法行为，有权当场予以纠正或者要求限期改正。（2）责令排除事故隐患。（3）责令采取紧急避险措施权。（4）对检查中发现的违法行为，依照有关法律、法规的规定应当由应急管理部门和其他负有安全生产监督管理职责的部门予以处罚的，依法作出行政处罚的决定。

3. 采取查封或扣押行政强制措施权。负有安全生产监督管理职责的部门对有根据认为不符合保障安全生产的国家标准或者行业标准的设施、设备、器材以及违法生产、储存、使用、经营、运输的危险物品，有予以查封或者扣押的权力，对违法生产、储存、使用、经营危险物品的作业场所，有权予以查封。

案例指引

20. 安全生产许可证过期后从事生产经营活动或者采用弄虚作假手段和行贿方法故意逃避、阻挠负有安全监督管理职责的部门实施监督检查的，是否应当从重处罚?①

非法采矿、重大劳动安全事故事实：2008 年 11 月 15 日，被告人刘某平、刘某杰、楚某葵共同承包了湖南省 A 县甲煤矿的采矿权。甲煤矿采矿许可证核准的开采范围为约 0.0362 平方公里，深度为 100 米至-124 米，有限期为 2008 年 4 月至 2009 年 4 月。2009 年 1 月 13 日，因甲煤矿安全生产许可证、煤炭生产许可证均已过期，A 县煤监局下达停产通知；同年 4 月，因甲煤矿采矿许可证到期，且存在越界开采行为，A 县国土资源局责令立即停产。但刘某平、刘某杰、楚某葵多次采取封闭矿井、临时遣散工人等弄虚作假手段，故意逃避管理部门实施监督检查，拒不执行停产监管决定，长期以技改名义非法组织生产。至 2010 年 1 月，甲煤矿东井已开采至-640 米水平，中间井已拓至-420 米水平，西井已采至-580 米水平，严重超越采矿许可证核准的-124 米水平。经湖南省国土资源厅鉴定，甲煤矿 2009 年 5 月 1 日至 2009 年 12 月 25 日，计采原煤 29958.72 吨，破坏矿山资源价值 9046634.68 元。

2010 年 1 月 5 日 12 时 5 分，甲煤矿中间井（又名新井）三道暗立井（位于-155 米至-240 米之间）发生因电缆短路引发的火灾事故。事故当日有 85 人下井，事故发生后安全升井 51 人，遇难 34 人，造成直接经济损失 2962 万元。经鉴定，造成事故的直接原因是甲煤矿中间井三道暗立井使用非阻燃电缆，吊箩向上提升时碰撞已损坏的电缆芯线，造成电缆相间短路引发火灾，产生大量有毒有害气体，且矿井超深越界

① 参见《最高法院 12 月 15 日发布危害生产安全犯罪典型案例》（2015 年 12 月 15 日发布），刘某平、刘某杰、楚某葵重大劳动安全事故、非法采矿、单位行贿案，载最高人民法院网 https：//www. court. gov. cn/zixun-xiangqing-16324. html，最后访问日期：2023 年 5 月 9 日。

非法开采，未形成完整的通风系统和安全出口，烟流扩散造成人员中毒死亡。被告人刘某平、刘某杰、楚某葵作为甲煤矿负有管理职责的共同投资人和实际控制人，未认真履行职责，在生产经营过程中未采取有效安全防范管理措施，对于甲煤矿未采用铠装阻燃电缆、未按规定安装和使用检漏继电器、矿井暗立井内敷设大量可燃管线和物体、无独立通风系统、在矿井超深越界区域无安全出口和逃生通道、无防灭火系统、避灾自救设施不完善等安全隐患均负有责任。

单位行贿事实：被告人刘某平、刘某杰、楚某葵为了三人投资和实际控制的甲煤矿逃避监管部门监督检查，谋取不正当利益，先后向A县煤监局局长郭某洋、A县国土资源管理局主管副局长谭某荣（均另案处理，已判刑）等人行贿共计29万元。另外，刘某平为给其投资的A县乙煤矿谋取不正当利益，先后向湘潭市煤炭工业行业管理办公室安全生产科科长刘某松（另案处理，已判刑）等人行贿51.5万元。

湖南省A县人民法院一审判决认为，被告人刘某平、刘某杰、楚某葵作为甲煤矿投资人和实际控制人，违反《矿山资源法》的规定，未取得采矿许可证即擅自采矿，情节特别严重，行为均已构成非法采矿罪；在甲煤矿安全生产设施及安全生产条件不符合国家规定的情况下组织生产，因而发生重大伤亡事故，情节特别恶劣，行为均已构成重大劳动安全事故罪；为给自己控制的煤矿谋取不正当利益和逃避监管，向国家机关工作人员行贿，情节严重，行为均已构成单位行贿罪，应依法并罚。刘某杰系累犯，依法应当从重处罚；刘某平、刘某杰、楚某葵事故发生后均积极组织抢救，配合政府职能部门关闭整合当地其他违规开展生产的煤矿，并对事故遇难者家属进行了足额经济赔偿，可以酌情从轻处罚。综上，对被告人刘某平以重大劳动安全事故罪判处有期徒刑5年，以非法采矿罪判处有期徒刑6年，并处罚金人民币300万元，以单位行贿罪判处有期徒刑2年，决定执行有期徒刑9年，并处罚金人民币300万元；对被告人刘某杰以重大劳动安全事故罪判处有期徒刑4年，以非法采矿罪判处有期徒刑4年，并处罚金人民币300万元，以单位行贿罪判处有期徒刑1年，决定执行有期徒刑7年，并处罚金人民币300万元；对被告人楚某葵以重大劳动安全事故罪判处有期徒刑4年，以非法采矿罪判处有期徒刑4年，并处罚金人民币300万元，以单位行贿罪判处有期徒刑1年，决定执行有期徒刑6年6个月，并处罚金人民币300万元。

一审宣判后，检察机关以一审判决对单位行贿部分事实认定错误、量刑畸轻为由提出抗诉；被告人刘某平、刘某杰、楚某葵以不构成重大劳动安全事故罪和非法采矿罪为由提出上诉。

湖南省湘潭市中级人民法院二审裁定认为，一审判决认定被告人刘某平、刘某杰、楚某葵行贿29万元有误，三人行贿数额应认定为34万元，但不足以影响量刑，依法驳回检察机关部分抗诉，驳回三被告人上诉，维持原判。

安全生产许可证过期后从事生产经营活动，或者采用封闭矿井口、临时遣散工人等弄虚作假手段和行贿方法故意逃避、阻挠负有安全监督管理职责的部门实施监督检查的，均应当从重处罚。

21. 负责煤矿安全生产管理的人故意逃避、阻挠负有安全监督管理职责的部门实施监督检查的，如何处罚?①

非法储存爆炸物事实：四川省某县甲煤矿由被告人罗某、李某元共同经营，二人各占50%股份，罗某任法定代表人、执行董事。2012年9月，该矿更名为某县甲煤业公司，因技改扩建未验收，相关证照尚未更换，甲煤矿和甲煤业公司两个证照同时使用。2013年3月，李某元将其股份变更登记在其女婿被告人周某名下，由周某任监事，李某元作为实际控制人之一，主要负责煤矿安全生产管理。甲煤业公司先后聘任被告人胡某友、张某勇为行政矿长。

2011年9月，甲煤业公司与当地其余7家煤矿以某县乙矿业公司名

① 参见《最高法院12月15日发布危害生产安全犯罪典型案例》(2015年12月15日发布)，某县甲煤业公司、罗某、李某元、胡某友、徐某成非法储存爆炸物案，载最高人民法院网 https://www.court.gov.cn/zixun-xiangqing-16324.html，最后访问日期：2023年5月9日。

义，共同买下原某县丙爆破公司一民用爆炸物品库房，并共同以乙矿业公司名义与丁公司签订民用爆炸物品仓库委托管理合同，约定由丁公司代为运输、储存、配送和回收8家煤矿生产所用民用爆炸物品。甲煤业公司为提高效率、降低成本，2012年年底未经有关部门审查、验收，由被告人李某元派人在井下建成用于储存、发放炸药、雷管的两个硐室。2013年3月，甲煤业公司技改扩建试运行后，未安排专人管理硐室，仅在早、中班轮班时指派一名兼职人员在硐室处发放炸药、雷管，剩余部分储存在硐室内。李某元明知爆炸物品不按规定回收存在安全隐患，仍指使工人将生产过程中未用完的爆炸物品自行存放；被告人罗某为掩盖本单位非法储存爆炸物的事实，与被告人胡某友一同指使库管员伪造爆炸物管理台账，逃避监管；胡某友和被告人徐某成无视自身岗位职责和相关法律法规规定，对本单位在井下建造硐室非法储存炸药、雷管和工人随意存放爆炸物不退库等行为未采取有效措施制止。2013年5月15日，甲煤业公司矿井被依法关闭时，在公安民警见证下，丁公司工作人员从该矿井下共计回收非法储存的炸药622.8千克，雷管1461枚。

重大责任事故事实：甲煤业公司原设计生产能力为3万吨，2009年12月经四川省经委批复技改扩建为9万吨。在技改扩建期间，被告人李某元未经审批即安排工人伺机违规开采。同年3月中旬，李某元与被告人胡某友等共谋以提高采煤单价的方式鼓励工人到3111采煤工作面采煤，同时采取只中班生产、不发放作业人员定位识别卡、不安装瓦斯监控系统及传感器、遇检查时提前封闭巷道等手段逃避监管。

2013年5月11日14时15分，甲煤业公司3111采煤工作面生产作业过程中因通风设施不完善，且未安装瓦斯监控系统及传感器，导致井下瓦斯积聚达到爆炸浓度的情况未得到有效监测，该工作面六支巷采煤作业点放炮残余炸药燃烧引起瓦斯爆炸，致使28名井下工人遇难，另有18名工人受伤，直接经济损失2449万余元。

四川省某县人民法院一审判决认为：被告单位甲煤业公司违反法律法规规定，在生产矿井内设置爆炸物库房非法储存炸药、雷管，并允许工人在井下自存爆炸物，危害公共安全，情节严重，行为已构成非法储存爆炸物罪；被告人罗某、李某元、胡某友、徐某成均系单位直接负责的主管人员，依法应对单位非法储存爆炸物的犯罪行为承担刑事责任；胡某友系累犯，应依法从重处罚。被告人罗某、李某元、胡某友、徐某成在生产、作业过程中违反煤矿生产安全管理规定，未经审批违规作业，对存在的安全隐患未尽到监管职责，导致发生重大安全事故，情节特别恶劣，其行为均已构成重大责任事故罪，其中，罗某、李某元、胡某友、徐某成犯非法储存爆炸物罪和重大责任事故罪，应依法并罚。胡某友有多次故意犯罪前科，应酌情从重处罚。综合犯罪事实、情节以及社会危害后果，罗某、李某元虽有事故后积极抢救行为，李某元还有自首情节，但不足以从轻处罚；胡某友、徐某成等具有自首情节或者事故后积极抢救的从宽情节，均可酌情从轻处罚。综上，对被告单位甲煤业公司以非法储存爆炸物罪判处罚金人民币 50 万元；对被告人罗某、李某元以非法储存爆炸物罪判处有期徒刑 15 年，以重大责任事故罪判处有期徒刑 7 年，决定执行有期徒刑 20 年；对被告人徐某成以非法储存爆炸物罪判处有期徒刑 12 年，以重大责任事故罪判处有期徒刑 6 年 6 个月，决定执行有期徒刑 17 年；对被告人胡某友以非法储存爆炸物罪判处有期徒刑 11 年，以重大责任事故罪判处有期徒刑 6 年 6 个月，决定执行有期徒刑 16 年。

被告人李某元作为甲煤业公司隐名股东和实际控制人之一，负责煤矿安全生产管理，应认定为重大责任事故罪的犯罪主体。被告人在煤矿技改扩建期间违规组织生产，不安装瓦斯监控系统及传感器等必要的安全监控和报警设备，采取不发放作业人员定位识别卡、检查前封闭巷道等弄虚作假手段故意逃避、阻挠负有安全监督管理职责的部门实施监督检查，应当从重处罚。

第六十六条　【生产经营单位的配合义务】生产经营单位对负有安全生产监督管理职责的部门的监督检查人员（以下统称安全

生产监督检查人员）依法履行监督检查职责，应当予以配合，不得拒绝、阻挠。

条文解读

本条所规定的安全生产监督检查人员监督检查职责包括：现场调查取证权、现场处理权、采取查封或扣押行政强制措施权等。生产经营单位有接受监管部门依法进行监督检查的义务，对安全生产监督检查人员依法履行监督检查职责，应予以配合，不得拒绝、阻挠。

实务应用

37. 行政机关可以只派一名执法人员进行安全生产监督检查吗？

根据《行政处罚法》第 42 条第 1 款和第 55 条第 2 款的规定，行政处罚应当由具有行政执法资格的执法人员实施。执法人员不得少于两人，法律另有规定的除外。当事人或者有关人员应当如实回答询问，并协助调查或者检查，不得拒绝或者阻挠。询问或者检查应当制作笔录。

第六十七条　【监督检查的要求】安全生产监督检查人员应当忠于职守，坚持原则，秉公执法。

安全生产监督检查人员执行监督检查任务时，必须出示有效的行政执法证件；对涉及被检查单位的技术秘密和业务秘密，应当为其保密。

条文解读

技术秘密、业务秘密 ➲ 技术秘密，包括被检查单位的技术诀窍、技术配方、工艺流程等。业务秘密，包括有关的经营决策、客户资料等方面的内容。上述秘密都属于被检查单位的商业秘密。商业秘密是指不为公众所知悉，能为权利人带来经济利益，具有实用性并经权利人采取保密措施的技术信息和经营信息。安全生产监督检查人员执行公务时，对涉及被检查单位的技术秘密和业务秘密，应承担保密的义务。我国《刑法》第219条规定，违反保密义务或者违反权利人有关保守商业秘密的要求，披露、使用或者允许他人使用其所掌握的商业秘密，情节严重的，处3年以下有期徒刑，并处或者单处罚金；情节特别严重的，处3年以上10年以下有期徒刑，并处罚金。

关联参见

《劳动法》第86条；《劳动合同法》第75条；《刑法》第219条

第六十八条　【监督检查的记录与报告】 安全生产监督检查人员应当将检查的时间、地点、内容、发现的问题及其处理情况，作出书面记录，并由检查人员和被检查单位的负责人签字；被检查单位的负责人拒绝签字的，检查人员应当将情况记录在案，并向负有安全生产监督管理职责的部门报告。

条文解读

本条是关于安全生产监督检查人员在监督检查时，应当对有关检查情况作出记录的规定。按照本条规定，安全检查记录必须符合下述两项要求：一是安全检查记录应当为书面形式。二是检查记录须由检查人员和被检查单位的负责人签字。签字应当当场进行，如果被检查单位的负责人拒绝签字的，检查人员应当将这一情况在检查记录中说明，并向负有安全生产监督管理职责的部门报告。负责人拒绝签字的，不影响检查记录的有效性。

实务应用

38. 安全检查记录应包括哪些内容？

安全检查记录的具体内容应当包括：（1）检查的时间。一般是指检查时的年、月、日、时、分的具体时间。对容易发生事故的重点部门和重点区域的检查时间更需要特别记录。(2) 检查的地点。通常是指被检查的生产经营单位及其场所。地点的记录应当具体、明确，载明实施检查的具体场所。如果是对生产经营单位的某个矿井、某个车间、某些设备设施等进行检查，这时还应当对具体的作业场所和设备设施的名称、地址予以记录。(3) 检查的内容。即指检查的具体事项，如本次检查了哪些设施、设备等。(4) 检查中发现的问题。对检查中发现的被检查单位存在的与有关安全生产的法律、法规、国家标准、行业标准等要求不符的情况，如安全生产的规章制度不健全，设施、设备存在的安全隐患问题，是一般的事故隐患问题还是重大的事故隐患问题等，都应如实加以记录。(5) 对检查中发现的问题的处理情况（特别是发现事故隐患的处理情况）。通常是指是否按照法律法规和规章的规定对发现的事故隐患和违法行为进行了处理。例如，对于事故隐患，是否责令立即排除或者限期排除，对安全生产违法行为是否当场纠正或者要求限期改正，对应当给予行政处罚的行为是否依法进行了处罚，对重大安全生产问题是否向有关人民政府或其所属部门及时报告等，都应当记录在案。

第六十九条　【监督检查的配合】负有安全生产监督管理职责的部门在监督检查中，应当互相配合，实行联合检查；确需分别进行检查的，应当互通情况，发现存在的安全问题应当由其他有关部门进行处理的，应当及时移送其他有关部门并形成记录备查，接受移送的部门应当及时进行处理。

第七十条　【强制停止生产经营活动】负有安全生产监督管理职责的部门依法对存在重大事故隐患的生产经营单位作出停产停业、停止施工、停止使用相关设施或者设备的决定，生产经营单位应当依法执行，及时消除事故隐患。生产经营单位拒不执行，有发生生产安全事故的现实危险的，在保证安全的前提下，经本部门主要负责人批准，负有安全生产监督管理职责的部门可以采取通知有关单位停止供电、停止供应民用爆炸物品等措施，强制生产经营单位履行决定。通知应当采用书面形式，有关单位应当予以配合。

负有安全生产监督管理职责的部门依照前款规定采取停止供电措施，除有危及生产安全的紧急情形外，应当提前二十四小时通知生产经营单位。生产经营单位依法履行行政决定、采取相应措施消除事故隐患的，负有安全生产监督管理职责的部门应当及时解除前款规定的措施。

条文解读

本条第 1 款规定了对存在重大事故隐患的生产经营单位，有关部门有权作出停产停业、停止施工、停止使用相关设施或者设备的决定。生产经营单位负有依法执行的义务，从而及时消除事故隐患。

本条第 2 款规定了采取停止供电措施的相关条件，目的是避免给生产经营单位造成损害。生产经营单位按照行政决定经采取措施消除事故隐患后，有关部门应及时解除停止供电的措施，保障生产经营单位恢复生产。

负有安全生产监督管理职责的部门在具体实施强制措施时的注意事项：

1. 严格实施条件

一是保证安全。负有安全生产监督管理职责的部门实施行政强制措施的过程中更要以保证安全，特别是从业人员的生命安全为前提。要充分考虑生产经营单位的生产特点和特殊要求，不能因突然采取停电等措施发生其他事故。在实施停止供应民用爆炸物品，特别是在停止供电的强制措施的情况下，要严格遵守安全断电程序，以保障实现行政强制目的。

二是负有安全生产监督管理职责的部门依法对存在重大事故隐患的生产经营单位作出停产停业、停止施工、停止使用相关设施或者设备的决定。这里所称的决定，既包括依照本法第 65 条或者其他法律法规规定作出的责令暂时停产停业、停止使用相关设施设备的现场处理决定，也包括依照本法“法律责任”一章作出的责令停产停业整顿的行政决定。

三是生产经营单位拒不执行上述决定。

四是存在重大事故隐患，有发生生产安全事故的现实危险。这里所称的重大事故隐患，通常是指危害和整改难度较大，应当全部或者局部停产停业，并经过一定时间整改治理方能排除的隐患，或者因外部因素影响致使生产经营单位自身难以排除的隐患。这里所称的有发生生产安全事故的现实危险，是指现实存在的、紧迫的危险，如果这种危险持续存在，生产经营单位就可能随时发生事故。

2. 严格按照程序

一是经本部门主要负责人批准。本部分属于内部程序的限定，实施前必须经过本部门主要负责人批准。这里所称的本部门主要负责人，一般是指负有安全生产监督管理职责的部门的正职负责人，也可以是主持工作的其他负责人。

二是通知要采用书面形式，这是本条实施的形式要件。为保证实施过程的公开、公正、可追溯，书面形式应为相应的行政执法文书。

三是采取停止供电的强制措施，应当提前 24 小时书面通知生产经营单位。这是对本条第 1 款的补充规定。如果遇有紧急情形的，负有安全生产监督管理职责的部门可以不提前 24 小时，甚至在不通知生产经营单位的情况下，直接依照本条第 1 款的规定要求供电企业停止供电。

3. 严格解除条件

一是生产经营单位依法履行行政决定，即生产经营单位已经按照负有安全生产监督管理职责的部门行政决定的要求，正确履行了停产停业、停止施工、停止使用相关设施、设备的义务。

二是采取相应措施消除事故隐患。除履行行政决定外，生产经营单位还必须采取措施消除事故隐患后，负有安全生产监督管理职责的部门才能解除行政强制措施。判断事故隐患是否已经被消除，依照本法第 65 条的规定，必须经负有安全生产监督管理职责的部门审查同意后，生产经营单位方可恢复生产经营或使用相关设施、设备。

案例指引

22. 拒不执行停产监管决定，擅自组织生产，对事故隐患未采取任何措施，导致发生特大责任事故，是否应当从重处罚？[①]

1999 年，被告人印某四、印某二兄弟与印某保（另案处理）共同投资开办甲煤矿。因甲煤矿位于国家规划的松河矿区内，贵州省政府于 2007 年 4 月 26 日在《贵州日报》上公告关闭该煤矿，并注销了采矿权证。后经有关部门协调，甲煤矿与乙煤矿、丙煤矿整合为丁煤业复采四单元，并与某河公司共同组建新公司。整合完成后，印某四、印某二、印某保各占甲煤矿 1/3 的股份，印某四担任主要负责人，负责复采四单元的全面管理工作，印某二负责后勤管理，印某保不负责具体管理工作。为解决全省电煤供应紧张问题，并考虑到复采改造单元长期停产可能诱发安全隐患，2007 年 10 月 22 日，盘县政府县长办公会议研究决定，同意甲煤矿作为丁煤业复采四单元的过渡生产系统恢复正常生产。2008 年 6 月 21 日，为加强对复采改造煤矿的安全监管，盘县政府专题会议作出决定，暂时停止丁煤业复采单元过渡系统生产活动。2009 年 5 月 6 日，盘县政府决定全面停止丁煤业复采单元过渡系统的一切生产活动。2010 年以后，贵州省各级政府又多次出台规定，严禁煤矿边建设边生产，严厉打击擅自启封已关闭系统组织生产行为。

2008 年 7 月 21 日，被告人印某四、印某二明知丁煤业复采四单元老系统（甲煤矿）是禁止开展生产的煤矿，仍将该矿发包给被告人张某学和陆某开采，并安排被告人孔某能和印某春（另案处理）对煤矿进行安全管理，安排被告人封某华担任技术员，负责煤矿的巷道规划和图纸资料设计。张某学和陆某承包煤矿后招聘工人，并在安全管理不到位、不具备相应安全生产条件的情况下组织工人生产。其间，当地煤炭

---

① 参见《最高法院 12 月 15 日发布危害生产安全犯罪典型案例》（2015 年 12 月 15 日发布），印某四、印某二、陆某、张某学、孔某能、封某华重大责任事故案，载最高人民法院网 https：//www. court. gov. cn/zixun-xiangqing-16324. html，最后访问日期：2023 年 5 月 9 日。

管理部门和安全监管部门多次对甲煤矿进行查处，严禁该煤矿开展生产，但张某学、陆某拒不执行监管决定。2011 年 3 月 9 日，盘县安监局淤泥安监站发现甲煤矿非法生产，遂依法关闭并砌封了矿井口。当日，张某学、孔某能、封某华等人擅自组织工人启封矿井恢复生产。由于该矿井通风设施不符合规定，且未安装瓦斯抽放系统，安全监测监控系统损坏后一直未重新安装，造成瓦斯不断积聚。同年 3 月 12 日 0 时许，甲煤矿在生产过程中放炮时母线短路产生火花，导致发生重大瓦斯爆炸事故，造成 19 名工人死亡、15 名工人受伤的严重后果。

贵州省盘县人民法院一审判决认为，被告人印某四、印某二等人将共同投资开办的甲煤矿（丁煤业公司复采四单元）承包给被告人张某学和陆某开采，印某四负责煤矿全面管理工作，印某二参与管理，印某四、印某二安排被告人孔某能负责煤矿安全管理，实际上履行安全矿长职责，安排被告人封某华担任甲煤矿技术员，负责煤矿生产技术规划管理，六被告人明知甲煤矿被有关部门公告关闭并被注销采矿权证，又经煤炭管理部门和安监部门多次查处并严禁生产，仍在安全管理不到位、不具备安全生产条件的情况下违反法律、法规和企业规章制度的规定，组织工人生产，导致发生重大责任事故，其行为均已构成重大责任事故罪，且情节特别恶劣。张某学案发后主动向公安机关投案并如实供述罪行，具有自首情况，其余五被告人被抓获后如实供述罪行，且事故发生后甲煤矿及各被告人共同积极赔偿事故遇难者经济损失，可以从轻处罚。综上，以重大责任事故罪，分别判处被告人印某四有期徒刑 6 年 6 个月，被告人印某二、孔某能、陆某有期徒刑 4 年 6 个月，被告人张某学有期徒刑 4 年，被告人封某华有期徒刑 3 年。

被告人明知甲煤矿已被当地政府作出严禁开展生产的行政决定，且矿井口已被依法查封的情况下，拒不执行停产监管决定，擅自组织生产，对事故隐患未采取任何措施，导致发生特大责任事故，应当从重处罚。被告人印某四、印某二作为甲煤矿投资人，虽然已将煤矿承包给他人，但二人仍负有管理职责，且安排人员担任煤矿安全管理人和技术人员，依法应当认定为重大责任事故罪的犯罪主体。

第七十一条　【安全生产监察】监察机关依照监察法的规定，对负有安全生产监督管理职责的部门及其工作人员履行安全生产监督管理职责实施监察。

第七十二条　【中介机构的条件和责任】承担安全评价、认证、检测、检验职责的机构应当具备国家规定的资质条件，并对其作出的安全评价、认证、检测、检验结果的合法性、真实性负责。资质条件由国务院应急管理部门会同国务院有关部门制定。

承担安全评价、认证、检测、检验职责的机构应当建立并实施服务公开和报告公开制度，不得租借资质、挂靠、出具虚假报告。

条文解读

承担安全评价、认证、检测、检验职责的机构 ➲ 本条对承担安全评价、认证、检测、检验职责机构的法律义务作了规定。要求有关机构应当对所作结果的合法性、真实性负责。

本条明确承担安全评价、认证、检测、检验职责的机构的资质条件，由国务院应急管理部门会同国务院有关部门制定。

承担安全评价、认证、检测、检验职责的机构应当建立并实施服务公开和报告公开制度，增加以上机构服务透明度、报告公开度，便于加强监督管理。以上机构不将其资质租出或者借入，不得允许他人挂靠或者挂靠他人，更不得出具虚假报告。

第七十三条　【安全生产举报制度】负有安全生产监督管理职责的部门应当建立举报制度，公开举报电话、信箱或者电子邮件地址等网络举报平台，受理有关安全生产的举报；受理的举报事项经调查核实后，应当形成书面材料；需要落实整改措施的，报经有关负责人签字并督促落实。对不属于本部门职责，需要由其他有关部门进行调查处理的，转交其他有关部门处理。

涉及人员死亡的举报事项，应当由县级以上人民政府组织核查处理。

条文解读

本条对举报制度作了规定，要求负有安全生产监督管理职责的部门建立举报制度，通过多种方式受理有关安全生产的举报，并调查核实和督促整改。有关部门发现安全生产举报应由其他部门调查处理的，须转交其他有关部门处理，不得置之不理。涉及人员死亡的安全生产举报事项，通常较为严重，法律规定由县级以上人民政府核查处理。

第七十四条　【违法举报和公益诉讼】任何单位或者个人对事故隐患或者安全生产违法行为，均有权向负有安全生产监督管理职责的部门报告或者举报。

因安全生产违法行为造成重大事故隐患或者导致重大事故，致使国家利益或者社会公共利益受到侵害的，人民检察院可以根据民事诉讼法、行政诉讼法的相关规定提起公益诉讼。

条文解读

生产经营单位从业人员安全生产举报 ➲ 根据《生产经营单位从业人员安全生产举报处理规定》的规定，生产经营单位从业人员举报其所在单位的重大事故隐患、安全生产违法行为时，应当提供真实姓名以及真实有效的联系方式；否则，应急管理部门可以不予受理。

应急管理部门对受理的生产经营单位从业人员安全生产举报，以及信息员提供的线索，按照安全生产领域举报奖励有关规定核查属实的，应当给予举报人或者信息员现金奖励，奖励标准在安全生产领域举报奖励有关规定的基础上按照一定比例上浮，具体标准由各省级应急管理部门、财政部门根据本地实际情况确定。

因生产经营单位从业人员安全生产举报，或者信息员提供的线索直接避免了伤亡事故发生或者重大财产损失的，应急管理部门可以给予举报人或者信息员特殊奖励。

案例指引

23. 检察机关向行政机关发出诉前检察建议后，行政机关整改不到位，导致国家利益和社会公共利益仍处于受侵害状态的，检察机关能否依法提起行政公益诉讼?①

陕西省汉中市略阳县何家岩甲矿厂乙尾矿库（以下简称乙尾矿库）地处长江上游嘉陵江流域，所选矿种为铁矿，属于非重金属尾矿库，2003年3月建成使用，2006年停止使用。该尾矿库未依照《尾矿库安全监督管理规定》实施闭库，存在坝坡偏陡、排水沟不全、坝顶滩面洪水无法进入排洪涵洞、库尾排洪涵洞进口有破损现象、观测设施不全等重大安全隐患。该尾矿库占地18.9亩，坝体坡脚紧邻农村公路，50米内有群众居住，距何家岩中心社区约600米，2018年被原汉中市安监局评定为D级尾矿库（最高危险等级），系“头顶库”，严重危及周边居民生命健康和财产安全。

该案系最高人民检察院挂牌督办案件。2018年6月，陕西省人民检察院（以下简称陕西省院）将该案线索交办汉中市人民检察院（以下简称汉中市院）。略阳县人民检察院（以下简称略阳县院）收到汉中市院交办线索后，于2018年8月20日立案调查，通过现场勘查、调取行政机关执法卷宗、询问证人，发现乙尾矿库由略阳县何家岩甲矿厂（以下简称甲矿厂）投资建设，甲矿厂成立于2004年4月，2010年6月被注销，其债权债务转让给略阳县丙矿业有限公司（以下简称丙矿业公

① 参见《安全生产领域公益诉讼典型案例》(2021年3月23日发布)，陕西省略阳县人民检察院督促整治尾矿库安全隐患行政公益诉讼案，载最高人民检察院网 https://www.spp.gov.cn/spp/xwfbh/wsfbt/202103/t20210323_513617.shtml#2，最后访问日期：2023年5月9日。

司）承担。2011 年丙矿业公司停产，2013 年该公司法定代表人去世，2014 年企业留守人员撤走后，乙尾矿库就由略阳县安监局和何家岩镇政府安排人员值班值守。2018 年，原略阳县安监局的安全生产监管等职责由新组建的略阳县应急管理局行使。略阳县院认为，略阳县应急管理局作为当地安全生产主管部门，在该尾矿库长期未依法闭库时未能履行监管职责，导致该尾矿库存在重大安全事故隐患。2018 年 10 月 11 日，略阳县院向略阳县应急管理局发出诉前检察建议，建议该局认真履行监管职责，对企业不主动实施闭库的违法行为依法作出处理，消除安全隐患，确保国家利益和社会公共利益不受侵害。

2018 年 12 月 7 日，略阳县应急管理局回函称，已于 2018 年 6 月至 11 月对乙尾矿库实施了应急治理工程，但因该尾矿库企业法定代表人于 2013 年去世，已将该尾矿库确定为业主失联尾矿库，故未作出行政处罚。检察机关跟进调查发现，略阳县应急管理局虽于 2018 年汛期实施了应急治理工程，但没有依法提请县级以上人民政府指定管理单位，乙尾矿库从不再排尾作业到被确定为业主失联尾矿库后至今未按要求进行闭库，也未按“头顶库”的治理方式进行彻底治理。2019 年汛期连续降雨，乙尾矿库排洪设施损毁严重，仍存在重大安全事故风险，国家利益和社会公共利益仍然处于受侵害状态。

2019 年 12 月 31 日，略阳县院向略阳县人民法院提起行政公益诉讼，请求判令略阳县应急管理局对乙尾矿库继续履行监管职责，切实保护国家利益和社会公共利益。庭审中，双方围绕行政机关是否履行监管职责等焦点问题进行了质证、辩论。2020 年 5 月 25 日，略阳县人民法院判决支持了检察机关的诉讼请求。

判决生效后，略阳县应急管理局制定相关整改方案，通过政府采购方式委托第三方对尾矿库进行安全检查，安排人员 24 小时值班值守，略阳县嘉陵江上游无主尾矿库治理项目已由县发改部门立项，待资金到位后对乙尾矿库实施闭库工程或清库处理，彻底消除安全隐患。同时，三级检察机关坚持上下联动，积极争取地方党委政府理解支持。略阳县院与相关职能部门对全县尾矿库逐一排查，有效治理嘉陵江流域尾矿库安全生产隐患问题。汉中市院向汉中市委作专题汇报，汉中市委高度重视并要求全市开展尾矿库专项治理工作。陕西省院在全省开展尾矿库专项调研，并就嘉陵江流域尾矿库综合治理问题向省政协会议递交提案。陕西省应急管理厅对嘉陵江流域尾矿库采取“一库一策”的措施予以治理，并上报应急管理部争取尾矿库隐患治理资金。目前，陕西全省46座尾矿库已被列入治理工程项目，并完成了21座“头顶库”治理工作。

尾矿库是堆存尾矿、保护环境的重要设施，也是一个具有高势能的人造泥石流危险源。本案中所涉尾矿库为危险等级高的“头顶库”，是国家安全生产专项整治三年行动计划中的重点对象，如果不依法及时闭库，可能造成尾矿泄漏、溃坝、环境污染等重大安全事故和生态环境问题，会给周边群众生命财产安全及嘉陵江下游城市饮用水源安全、沿江生态环境带来威胁。检察机关在发出诉前检察建议后、行政机关仍未能全面充分履职的情况下，依法提起行政公益诉讼，切实保护国家利益和社会公共利益。同时，三级检察机关认真贯彻落实习近平总书记关于安全生产的重要指示精神，上下联动，以个案办理推动类案监督，推动党委、政府开展源头治理、系统治理、综合治理，有效整治长江上游嘉陵江流域尾矿库安全隐患，起到了办理一案、治理一片的良好效果。

关联参见

《民事诉讼法》第58条；《最高人民法院关于适用〈中华人民共和国民事诉讼法〉的解释》第284—291条；《生产经营单位从业人员安全生产举报处理规定》；《安全生产领域举报奖励办法》

第七十五条　【居委会、村委会的监督】 居民委员会、村民委员会发现其所在区域内的生产经营单位存在事故隐患或者安全生产违法行为时，应当向当地人民政府或者有关部门报告。

第七十六条　【举报奖励】 县级以上各级人民政府及其有关

部门对报告重大事故隐患或者举报安全生产违法行为的有功人员，给予奖励。具体奖励办法由国务院应急管理部门会同国务院财政部门制定。

条文解读

本条是关于县级以上各级人民政府及其有关部门应实施安全生产举报奖励的规定。依照本条的规定，县级以上各级人民政府及其有关部门，对报告重大事故隐患或者举报安全生产违法行为的有功人员，应当给予奖励。比如，由于报告或者举报属实，经过监督管理部门的检查和督促处理，有效地避免重大生产安全事故的发生，该报告人或举报人员就应当受到奖励。这里所讲的奖励，主要是指物质奖励，也包括精神奖励。

第七十七条　【舆论监督】新闻、出版、广播、电影、电视等单位有进行安全生产公益宣传教育的义务，有对违反安全生产法律、法规的行为进行舆论监督的权利。

第七十八条　【安全生产违法行为信息库】负有安全生产监督管理职责的部门应当建立安全生产违法行为信息库，如实记录生产经营单位及其有关从业人员的安全生产违法行为信息；对违法行为情节严重的生产经营单位及其有关从业人员，应当及时向社会公告，并通报行业主管部门、投资主管部门、自然资源主管部门、生态环境主管部门、证券监督管理机构以及有关金融机构。有关部门和机构应当对存在失信行为的生产经营单位及其有关从业人员采取加大执法检查频次、暂停项目审批、上调有关保险费率、行业或者职业禁入等联合惩戒措施，并向社会公示。

负有安全生产监督管理职责的部门应当加强对生产经营单位行政处罚信息的及时归集、共享、应用和公开，对生产经营单位作出处罚决定后七个工作日内在监督管理部门公示系统予以公开曝光，强化对违法失信生产经营单位及其有关从业人员的社会监督，提高全社会安全生产诚信水平。

条文解读

联合惩戒 ➲ 生产经营单位及其有关人员存在下列失信行为之一的，纳入联合惩戒对象：(1) 发生较大及以上生产安全责任事故，或者1年内累计发生3起及以上造成人员死亡的一般生产安全责任事故的；(2) 未按规定取得安全生产许可，擅自开展生产经营建设活动的；(3) 发现重大生产安全事故隐患，或者职业病危害严重超标，不及时整改，仍组织从业人员冒险作业的；(4) 采取隐蔽、欺骗或阻碍等方式逃避、对抗安全监管监察的；(5) 被责令停产停业整顿，仍然从事生产经营建设活动的；(6) 瞒报、谎报、迟报生产安全事故的；(7) 矿山、危险化学品、金属冶炼等高危行业建设项目安全设施未经验收合格即投入生产和使用的；(8) 矿山生产经营单位存在超层越界开采、以探代采行为的；(9) 发生事故后，故意破坏事故现场，伪造有关证据资料，妨碍、对抗事故调查，或者主要负责人逃逸的；(10) 安全生产和职业健康技术服务机构出具虚假报告或证明，违规转让或出借资质的。

联合惩戒信息，通过全国信用信息共享平台和全国企业信用信息公示系统向各有关部门通报，并在应急管理部的政府网站和《中国安全生产报》向社会公布。联合惩戒的期限为1年，自公布之日起计算。

第五章　生产安全事故的应急救援与调查处理

第七十九条　【事故应急救援队伍与信息系统】 国家加强生产安全事故应急能力建设，在重点行业、领域建立应急救援基地和应急救援队伍，并由国家安全生产应急救援机构统一协调指挥；鼓励生产经营单位和其他社会力量建立应急救援队伍，配备相应的应急救援装备和物资，提高应急救援的专业化水平。

国务院应急管理部门牵头建立全国统一的生产安全事故应急救

援信息系统，国务院交通运输、住房和城乡建设、水利、民航等有关部门和县级以上地方人民政府建立健全相关行业、领域、地区的生产安全事故应急救援信息系统，实现互联互通、信息共享，通过推行网上安全信息采集、安全监管和监测预警，提升监管的精准化、智能化水平。

条文解读

本条对应急能力建设作了专门规定。国家加强生产安全事故应急能力建设，相关救援力量由国家安全生产应急救援机构统一协调指挥；生产经营单位和其他社会力量也可以建立应急救援队伍，提高应急救援的专业化水平。

国务院应急管理部门牵头建立全国统一的生产安全事故应急救援信息系统，其他部门和县级以上地方人民政府建立健全相关救援信息系统，实现互联互通、信息共享，提升网上监督管理能力。

关联参见

《生产安全事故应急条例》

第八十条　【事故应急救援预案与体系】县级以上地方各级人民政府应当组织有关部门制定本行政区域内生产安全事故应急救援预案，建立应急救援体系。

乡镇人民政府和街道办事处，以及开发区、工业园区、港区、风景区等应当制定相应的生产安全事故应急救援预案，协助人民政府有关部门或者按照授权依法履行生产安全事故应急救援工作职责。

条文解读

应急预案的管理 ➲ 应急预案的管理实行属地为主、分级负责、分类指导、综合协调、动态管理的原则。应急管理部负责全国应急预案的综合协调管理工作。国务院其他负有安全生产监督管理职责的部门在各自职责范围内，负责相关行业、领域应急预案的管理工作。

县级以上地方各级人民政府应急管理部门负责本行政区域内应急预案的综合协调管理工作。县级以上地方各级人民政府其他负有安全生产监督管理职责的部门按照各自的职责负责有关行业、领域应急预案的管理工作。

本条第2款规定对乡镇人民政府和街道办事处以及开发区、工业园区、港区、风景区等制定相关应急救援预案，履行应急救援职责提出了明确要求。

关联参见

《生产安全事故应急预案管理办法》

第八十一条 【事故应急救援预案的制定与演练】 生产经营单位应当制定本单位生产安全事故应急救援预案，与所在地县级以上地方人民政府组织制定的生产安全事故应急救援预案相衔接，并定期组织演练。

条文解读

本条规定生产经营单位应当制定本单位生产安全事故应急救援预案，同时要求与政府部门制定的相关预案相衔接，定期组织演练，提高应急救援的实战性。

生产安全事故应急救援预案 ➲ 生产经营单位主要负责人负责组织编制和实施本单位的应急预案，并对应急预案的真实性和实用性负责；各分管负责人应当按照职责分工落实应急预案规定的职责。

生产经营单位应急预案分为综合应急预案、专项应急预案和现场处置方案。综合应急预案，是指生产经营单位为应对各种生产安全事故而制定的综合性工作方案，是本单位应对生产安全事故的总体工作程序、措施和应急预案体系的总纲。专项应急预案，是指生产经营单位为应对某一种或者多种类型生产安全事故，或者针对重要生产设施、重大危险源、重大活动防止生产安全事故而制定的专项性工作方案。现场处置方案，是指生产经营单位根据不同生产安全事故类型，针对具体场所、装置或者设施所制定的应急处置措施。

实务应用

39. 应急预案的编制应当符合哪些要求？

应急预案的编制应当遵循以人为本、依法依规、符合实际、注重实效的原则，以应急处置为核心，明确应急职责、规范应急程序、细化保障措施。

应急预案的编制应当符合下列基本要求：(1) 有关法律、法规、规章和标准的规定；(2) 本地区、本部门、本单位的安全生产实际情况；(3) 本地区、本部门、本单位的危险性分析情况；(4) 应急组织和人员的职责分工明确，并有具体的落实措施；(5) 有明确、具体的应急程序和处置措施，并与其应急能力相适应；(6) 有明确的应急保障措施，满足本地区、本部门、本单位的应急工作需要；(7) 应急预案基本要素齐全、完整，应急预案附件提供的信息准确；(8) 应急预案内容与相关应急预案相互衔接。

关联参见

《生产安全事故应急预案管理办法》

第八十二条　【高危行业的应急救援要求】 危险物品的生产、经营、储存单位以及矿山、金属冶炼、城市轨道交通运营、建筑施工单位应当建立应急救援组织；生产经营规模较小的，可以不建立应急救援组织，但应当指定兼职的应急救援人员。

危险物品的生产、经营、储存、运输单位以及矿山、金属冶炼、城市轨道交通运营、建筑施工单位应当配备必要的应急救援器材、设备和物资，并进行经常性维护、保养，保证正常运转。

第八十三条　【单位报告和组织抢救义务】生产经营单位发生生产安全事故后，事故现场有关人员应当立即报告本单位负责人。

单位负责人接到事故报告后，应当迅速采取有效措施，组织抢救，防止事故扩大，减少人员伤亡和财产损失，并按照国家有关规定立即如实报告当地负有安全生产监督管理职责的部门，不得隐瞒不报、谎报或者迟报，不得故意破坏事故现场、毁灭有关证据。

条文解读

依照本条规定，生产经营单位发生生产安全事故后，事故现场有关人员应当立即报告本单位负责人，使本单位负责人及时得知事故情况，马上组织抢救工作。单位负责人接到事故报告后，应当按照国家有关规定立即如实报告当地负有安全生产监督管理职责的部门，不得以任何理由隐瞒不报、谎报或者迟报。本条规定的所谓“事故现场”，是指事故具体发生地点及事故能够影响和波及的区域以及该区域内的物品、痕迹所处的状态。所谓“有关人员”，主要是指事故发生单位在事故现场的有关工作人员，既可以是事故的负伤者，也可以是在事故现场的其他工作人员；在发生人员死亡和重伤无法报告，且事故现场又没有其他工作人员时，任何首先发现事故的人都属于有关人员，负有立即报告事故的义务。“立即报告”，是指在事故发生后的第一时间用最快捷的报告方式进行报告，不拘于报告形式。“单位负责人”可以是事故发生单位的主要负责人，也可以是事故发生单位主要负责人以外的其他分管安全生产工作的副职领导或其他负责人。根据企业的组织形式，主要负责人可以是公司制企业的董事长、总经理、首席执行官或者其他实际履行经理职责的企业负责人，也可以是非公司制企业的厂长、经理、矿长等企业行政“一把手”。由于事故报告的紧迫性，现场有关人员只要将事故报告到事故单位的指挥中心（如调度室、监控室），由指挥中心启动应急程序，也可视为向本单位负责人报告。

依据本条第2款的规定，单位负责人接到事故报告后，应当迅速采取有效措施，组织抢救，防止事故扩大，减少人员伤亡和财产损失。生产安全事故发生后，组织抢救是生产经营单位的首要任务。组织抢救包括组织救护组织抢救和从业人员自救。对危险化学品泄漏等可能对周边群众和环境产生危害的事故，生产经营单位应在向地方政府和有关部门报告的同时，及时向可能受到影响的单位、职工、群众发出预警信息，标明危险区域，组织、协助应急救援队伍和工作人员救助受害人员，疏散、撤离、安置受到威胁的人员，并采取必要措施防止发生次生、衍生事故。应急处置工作结束后，各生产经营单位应尽快组织恢复生产、生活秩序，配合事故调查组进行调查。

实务应用

40. 生产安全事故发生后，有关单位和个人应当如何保护事故现场？

事故发生后，任何单位和个人不得破坏事故现场、毁灭相关证据。事故现场保护的主要任务就是在现场勘查之前，维持现场的原始状态，既不使它减少任何痕迹、物品，也不使它增加任何痕迹、物品。在事故调查组未进入事故现场前，企业应派专人看护现场，保护事故现场，必须根据事故现场的具体情况和周围环境，划定保护区的范围，布置警戒，必要时，将事故现场封锁起来，禁止一切人员进入保护区，即使是保护现场的人员，也不能无故出入，更不能擅自进行勘查，禁止随意触摸或者移动事故现场的任何物品。因抢救人员、防止事故扩大以及疏通交通等原因，需要移动事故现场物件的，应当做出标志，绘制现场简图并做出书面记录，妥善保存现场重要痕迹、物证，并应当尽量使现场少受破坏。同时，移动物件必须经过事故单位负责人或者组织事故调查的安全生产监督管理部门和负有安全生产监督管理职责的有关部门的同意。

41. 发生生产安全事故的生产经营单位应当按照什么程序作出报告？

依照《生产安全事故报告和调查处理条例》的规定，发生生产安全事故的生产经营单位应当按照下列程序作出报告：（1）事故发生后，事故现场有关人员应当立即向本单位负责人报告。（2）单位负责人接到报告后，应当于1小时内向事故发生地县级以上人民政府安全生产监督管理部门和负有安全生产监督管理职责的有关部门报告。需要注意的是，本条中“当地负有安全生产监督管理职责的部门”包括当地县级以上人民政府安全生产监督管理部门和对事故单位负有安全生产监督管理职责的其他相关部门。因此，事故单位负责人既有向县级以上人民政府安全生产监督管理部门报告的义务，又有向负有安全生产监督管理职责的其他有关部门报告的义务。（3）情况紧急时，事故现场有关人员可以直接向事故发生地县级以上人民政府安全生产监督管理部门和负有安全生产监督管理职责的有关部门报告，以利于积极组织事故救援力量调度。至于“情况紧急”应该作较为灵活的理解，如事故单位负责人联系不上、事故重大需要政府部门迅速调集救援力量等情形。对于负有安全生产监督管理职责的部门和具体工作人员来说，只要接到事故现场有关人员的报告，不论是否属于“情况紧急”，都应当立即赶赴现场，并积极组织事故救援。（4）报告事故应当包括下列内容：①事故发生单位概况；②事故发生的时间、地点以及事故现场情况；③事故的简要经过；④事故已经造成或者可能造成的伤亡人数（包括下落不明的人数）和初步估计的直接经济损失；⑤已经采取的措施；⑥其他应当报告的情况。（5）事故报告后出现新情况的，应当及时补报。自事故发生之日起30日内，事故造成的伤亡人数发生变化的，应当及时补报。道路交通事故、火灾事故自发生之日起7日内，事故造成的伤亡人数发生变化的，应当及时补报。

第八十四条　【安全监管部门的事故报告】负有安全生产监督管理职责的部门接到事故报告后，应当立即按照国家有关规定上报事故情况。负有安全生产监督管理职责的部门和有关地方人民政府对事故情况不得隐瞒不报、谎报或者迟报。

条文解读

本条是关于负有安全监督管理职责的部门对生产安全事故的报告职责的规定。依据本条的规定，负有安全生产监督管理职责的部门接到生产经营单位关于生产安全事故的报告后，应当立即上报事故情况。所谓“立即”，就是要求上报事故必须及时、快速。所谓“负有安全生产监督管理职责的部门”，是指县级以上安全生产监督管理部门和对发生生产安全事故的生产经营单位负有安全生产监督管理职责的其他有关部门。

隐瞒不报、谎报或者迟报➲隐瞒不报，是指负有安全生产监督管理职责的部门和有关地方人民政府对发生的生产安全事故不进行上报，隐瞒已经发生的事故，并经有关部门查证属实的。谎报，是指不按照国家有关规定对应当上报的事故发生单位概况、事故的发生时间、地点、简要经过、现场情况、已经造成和可能造成的伤亡人数、直接经济损失、事故类别等内容故意不如实报告的。迟报，是指超过《生产安全事故报告和调查处理条例》或者其他国家有关规定规定的时限报告事故情况，包括对事故情况故意拖延不报的。

实务应用

42. 负有安全生产监督管理职责的部门应在何时限内上报事故?

对于报告时限，《生产安全事故报告和调查处理条例》第 11 条规定，安全生产监督管理部门和负有安全生产监督管理职责的有关部门逐级上报事故情况，每级上报的时间不得超过 2 小时。因此，以特别重大事故的报告为例，从事故发生单位负责人报告县级主管部门，再由县级主管部门报告市级主管部门、市级主管部门报告省级主管部门、省级主管部门报告国务院主管部门，最后报至国务院，所需最长时限仅为9个小时。

43. 安全生产监督管理部门和负有安全生产监督管理职责的有关部门接到事故报告后，应当依照什么规定上报事故情况？

根据《生产安全事故报告和调查处理条例》的规定，安全生产监督管理部门和负有安全生产监督管理职责的有关部门接到事故报告后，应当依照下列规定上报事故情况，并通知公安机关、劳动保障行政部门、工会和人民检察院：(1) 特别重大事故、重大事故逐级上报至国务院安全生产监督管理部门和负有安全生产监督管理职责的有关部门。(2) 较大事故逐级上报至省、自治区、直辖市人民政府安全生产监督管理部门和负有安全生产监督管理职责的有关部门。(3) 一般事故上报至设区的市级人民政府安全生产监督管理部门和负有安全生产监督管理职责的有关部门。(4) 安全生产监督管理部门和负有安全生产监督管理职责的有关部门依照上述规定上报事故情况，应当同时报告本级人民政府。国务院安全生产监督管理部门和负有安全生产监督管理职责的有关部门以及省级人民政府接到发生特别重大事故、重大事故的报告后，应当立即报告国务院。(5) 必要时，安全生产监督管理部门和负有安全生产监督管理职责的有关部门可以越级上报事故情况。(6) 安全生产监督管理部门和负有安全生产监督管理职责的有关部门逐级上报事故情况，每级上报的时间不得超过2个小时。(7) 事故报告后出现新情况的，应当及时补报。自事故发生之日起30日内，事故造成的伤亡人数发生变化的，应当及时补报。道路交通事故、火灾事故自发生之日起7日内，事故造成的伤亡人数发生变化的，应当及时补报。

关联参见

《生产安全事故报告和调查处理条例》

第八十五条　【事故抢救】 有关地方人民政府和负有安全生产监督管理职责的部门的负责人接到生产安全事故报告后，应当按照生产安全事故应急救援预案的要求立即赶到事故现场，组织事故抢救。

参与事故抢救的部门和单位应当服从统一指挥，加强协同联动，采取有效的应急救援措施，并根据事故救援的需要采取警戒、疏散等措施，防止事故扩大和次生灾害的发生，减少人员伤亡和财产损失。

事故抢救过程中应当采取必要措施，避免或者减少对环境造成的危害。

任何单位和个人都应当支持、配合事故抢救，并提供一切便利条件。

条文解读

警戒 本条第 2 款中的警戒措施一般是指对具有危险因素的事故现场周围的道路、出入口等进行暂时封闭、设立警戒标志或者人工隔离，防止与事故抢救无关的人员进入危险区域而受到伤害。

疏散 疏散，是指将事故现场危险区域的从业人员和群众及时转移安置到其他安全场所，防止聚集在事故现场及其周边的人员受到进一步的伤害。

次生灾害 次生灾害，是指由原生灾害所诱导出来的灾害，具体到生产安全领域的次生灾害，是指生产安全事故发生后，由于事故源本身的特点或采取措施不及时等原因，进一步引发其他灾害事故，如由于生产、储存危化品的工厂坍塌，对有关危化品处理、转移不及时又引起爆炸等灾害。

关联参见

《生产安全事故报告和调查处理条例》第 15 条

第八十六条　【事故调查处理】事故调查处理应当按照科学严谨、依法依规、实事求是、注重实效的原则，及时、准确地查清事故原因，查明事故性质和责任，评估应急处置工作，总结事故教训，提出整改措施，并对事故责任单位和人员提出处理建议。事故调查报告应当依法及时向社会公布。事故调查和处理的具体办法由国务院制定。

事故发生单位应当及时全面落实整改措施，负有安全生产监督管理职责的部门应当加强监督检查。

负责事故调查处理的国务院有关部门和地方人民政府应当在批复事故调查报告后一年内，组织有关部门对事故整改和防范措施落实情况进行评估，并及时向社会公开评估结果；对不履行职责导致事故整改和防范措施没有落实的有关单位和人员，应当按照有关规定追究责任。

条文解读

生产安全事故调查 ➲ 1. 事故调查原则。事故调查关系事故原因的查明，也关系后续相关责任的追究。事故调查需以事实为依据，按照科学严谨、依法依规、实事求是、注重实效的原则，及时、准确地查清事故原因，查明事故性质和责任。

2. 事故调查处理。事故调查时，应注重总结事故教训，提出整改措施，避免类似事故的发生；同时，对事故责任单位和人员提出处理建议。

3. 事后调查公布。事故调查后，应当依法及时向社会公布，保障社会公众的知情权和监督权，接受社会监督。

4. 事故整改措施的落实。负责事故调查处理的国务院有关部门和地方人民政府应当在批复事故调查报告后 1 年内，组织有关部门对事故整改和防范措施落实情况进行评估，并及时向社会公开评估结果。

44. 事故调查的主要任务包括哪些方面?

事故调查的主要任务包括及时、准确地查清事故原因，查明事故性质和责任，总结事故教训、提出整改措施，对事故责任者提出处理意见四个方面。

1. 及时、准确地查清事故原因。事故原因有可能是自然原因，也有可能是人为原因，更多情况下则是二者共同造成的。事故原因一般包括直接原因和间接原因，应根据事故调查所确认的事实，从直接原因入手，逐步深入到间接原因，从而掌握事故的全部原因。直接原因是指直接导致事故发生的原因，包括物的不安全状态和人的不安全行为：(1) 物的不安全状态是指造成事故的物质条件，即机械、设施、作业场所的潜在危险，如矿山作业场所采场支护不当、瓦斯超限等。(2) 人的不安全行为是指造成矿山事故的人为错误，如违章作业、违章指挥等。间接原因是指直接原因得以产生和存在的原因，包括：(1) 设计上的欠缺；(2) 对职工的安全教育培训不够，或者未经培训就上岗作业；(3) 劳动组织不合理；(4) 没有操作规程或者操作规程不健全；(5) 未对事故隐患采取措施等。事故原因的调查离不开对事故发生经过的调查，查明事故发生的经过包括以下内容：事故发生前，事故发生单位生产作业状况；事故发生的具体时间、地点；事故现场状况及事故现场保护情况；事故发生后采取的应急处置措施情况；事故报告经过；事故抢救及事故救援情况；事故的善后处理情况；其他与事故发生经过有关的情况。查清事故原因，重在及时、准确。所谓及时，就是应在规定的时间内尽快查出事故原因。一般情况下，事故调查组应当自事故发生之日起 60 日内完成调查，提交事故调查报告；特殊情况下，经负责事故调查的人民政府批准，提交事故调查报告的期限可以适当延长，但延长的期限最长不超过 60 日。所谓准确，是指应当客观、全面地反映事故发生的原因。

2. 查明事故性质和责任。这是指要查明事故的类型和具体责任的承担。事故性质是指事故是人为事故还是自然事故，是意外事故还是责任事故。如果是人为事故和责任事故，就应当查明哪些人员对事故负有责任，并确定其责任。事故责任有直接责任，也有间接责任；有主要责任，也有次要责任。事故责任分析，就要根据事故调查所确认的事实，通过对直接原因和间接原因的分析，确定事故中的直接责任者、主要责任者和领导责任者。

3. 总结事故教训，提出整改措施。通过查明事故经过和事故原因，发现安全生产管理工作的漏洞，从事故中总结教训，并提出整改措施，防止今后类似事故再次发生，这是事故调查处理的重要任务和内容之一，也是事故调查处理的最根本目的。

4. 对事故责任者提出处理意见。

45. 事故调查报告应包括哪些内容？

本条第 3 款规定，事故调查报告应当依法及时向社会公布。一般情况下，事故调查报告包括事故发生单位概况、事故发生经过和事故救援情况、造成的人员伤亡和直接经济损失、原因和事故性质、责任的认定及对事故责任者的处理、事故防范和整改措施等内容，事故调查报告应当附具有关证据材料。事故调查组成员应当在事故调查报告上签名。

46. 事故调查报告中如包含依法应当保密的内容，能否以此为由不向社会公布调查报告？

这里所说的依法应当保密的内容既包括依据《保守国家秘密法》等规定的属于国家秘密的信息，也包括依据其他有关法律、行政法规规定，应当保密的企业商业秘密等。向社会公布事故调查报告，对于依法应当保密的内容，不应当向社会公布，但这并不意味着有关地方人民政府和部门能以事故调查报告中某一部分需要保密为由，不予公布，而是应当对事故调查报告的保密部分作出适当处理后，依法予以公布。

关联参见

《生产安全事故报告和事故处理条例》第 19—34 条

第八十七条　【责任追究】生产经营单位发生生产安全事故，经调查确定为责任事故的，除了应当查明事故单位的责任并依法予以追究外，还应当查明对安全生产的有关事项负有审查批准和监督职责的行政部门的责任，对有失职、渎职行为的，依照本法第九十条的规定追究法律责任。

第八十八条　【事故调查处理不得干涉】任何单位和个人不得阻挠和干涉对事故的依法调查处理。

第八十九条　【事故定期统计分析和定期公布制度】县级以上地方各级人民政府应急管理部门应当定期统计分析本行政区域内发生生产安全事故的情况，并定期向社会公布。

第六章　法律责任

第九十条　【监管部门工作人员违法责任】负有安全生产监督管理职责的部门的工作人员，有下列行为之一的，给予降级或者撤职的处分；构成犯罪的，依照刑法有关规定追究刑事责任：

（一）对不符合法定安全生产条件的涉及安全生产的事项予以批准或者验收通过的；

（二）发现未依法取得批准、验收的单位擅自从事有关活动或者接到举报后不予取缔或者不依法予以处理的；

（三）对已经依法取得批准的单位不履行监督管理职责，发现其不再具备安全生产条件而不撤销原批准或者发现安全生产违法行为不予查处的；

（四）在监督检查中发现重大事故隐患，不依法及时处理的。

负有安全生产监督管理职责的部门的工作人员有前款规定以外的滥用职权、玩忽职守、徇私舞弊行为的，依法给予处分；构成犯罪的，依照刑法有关规定追究刑事责任。

条文解读

本条是关于监管部门工作人员不依法履行监管职责的法律责任的规定。本条所称“负有安全生产监督管理职责的部门”包括国务院负责安全生产监督管理的部门、县级以上地方各级人民政府负责安全生产监督管理的部门，依照法律、法规规定对有关行业、领域的安全生产工作负有监督管理职责的国务院有关部门和县级以上地方人民政府其他有关部门。

关联参见

《公务员法》第 62 条；《刑法》第 397 条

第九十一条　【监管部门违法责任】负有安全生产监督管理职责的部门，要求被审查、验收的单位购买其指定的安全设备、器材或者其他产品的，在对安全生产事项的审查、验收中收取费用的，由其上级机关或者监察机关责令改正，责令退还收取的费用；情节严重的，对直接负责的主管人员和其他直接责任人员依法给予处分。

条文解读

本条是关于监管部门违反规定指定购买产品或者收取费用的法律责任的规定。有本条规定的违法行为，情节严重的，对直接负责的主管人员和其他直接责任人员依法给予处分。处分包括警告、记过、记大过、降级、撤职、开除，具体给予哪种处分，可根据具体情况作出。这里讲的“情节严重”，包括在审查、验收中多次要求接受审查、验收的单位购买其指定品牌或者指定的生产、销售单位的安全设备、器材或者其他产品；在审查、验收中多次收取费用，且数额较大，社会影响较恶劣等。这里所说的“直接负责的主管人员”，是指在单位违法行为中负有直接领导责任的人员，包括违法行为的决策人，事后对单位违法行为予以认可和支持的领导人员，以及由于疏于管理或放任而对单位违法行为负有不可推卸的责任的领导人员。这里所说的“其他直接责任人员”，是指直接实施违法行为的人员。

第九十二条　【中介机构违法责任】 承担安全评价、认证、检测、检验职责的机构出具失实报告的，责令停业整顿，并处三万元以上十万元以下的罚款；给他人造成损害的，依法承担赔偿责任。

承担安全评价、认证、检测、检验职责的机构租借资质、挂靠、出具虚假报告的，没收违法所得；违法所得在十万元以上的，并处违法所得二倍以上五倍以下的罚款，没有违法所得或者违法所得不足十万元的，单处或者并处十万元以上二十万元以下的罚款；对其直接负责的主管人员和其他直接责任人员处五万元以上十万元以下的罚款；给他人造成损害的，与生产经营单位承担连带赔偿责任；构成犯罪的，依照刑法有关规定追究刑事责任。

对有前款违法行为的机构及其直接责任人员，吊销其相应资质和资格，五年内不得从事安全评价、认证、检测、检验等工作；情节严重的，实行终身行业和职业禁入。

条文解读

本法第72条规定了承担安全评价、认证、检测、检验职责的机构的法律义务，本条规定了相应的法律责任。

承担安全评价、认证、检测、检验职责的机构出具失实报告的，责令停业整顿，并处罚款；给他人造成损害的，依法承担赔偿责任。

承担安全评价、认证、检测、检验职责的机构租借资质、挂靠、出具虚假报告的，没收违法所得；给他人造成损害的，与生产经营单位承担连带赔偿责任；构成犯罪的，依照刑法有关规定追究刑事责任。

承担安全评价、认证、检测、检验职责的机构租借资质、挂靠、出具虚假报告的，对机构及其直接责任人员，吊销其相应资质和资格，5年内不得从事安全评价、认证、检测、检验等工作；情节严重的，实行终身行业和职业禁入。

关联参见

《安全评价检测检验机构管理办法》

第九十三条　【资金投入违法责任】生产经营单位的决策机构、主要负责人或者个人经营的投资人不依照本法规定保证安全生产所必需的资金投入，致使生产经营单位不具备安全生产条件的，责令限期改正，提供必需的资金；逾期未改正的，责令生产经营单位停产停业整顿。

有前款违法行为，导致发生生产安全事故的，对生产经营单位的主要负责人给予撤职处分，对个人经营的投资人处二万元以上二十万元以下的罚款；构成犯罪的，依照刑法有关规定追究刑事责任。

第九十四条　【单位主要负责人违法责任】生产经营单位的主要负责人未履行本法规定的安全生产管理职责的，责令限期改正，处二万元以上五万元以下的罚款；逾期未改正的，处五万元以上十万元以下的罚款，责令生产经营单位停产停业整顿。

生产经营单位的主要负责人有前款违法行为，导致发生生产安全事故的，给予撤职处分；构成犯罪的，依照刑法有关规定追究刑事责任。

生产经营单位的主要负责人依照前款规定受刑事处罚或者撤职处分的，自刑罚执行完毕或者受处分之日起，五年内不得担任任何生产经营单位的主要负责人；对重大、特别重大生产安全事故负有责任的，终身不得担任本行业生产经营单位的主要负责人。

条文解读

本法第 21 条规定了生产经营单位的主要负责人的职责。生产经营单位的主要负责人是否履行职责，对本单位的安全生产至关重要，本条规定了相应的法律责任。

生产经营单位的主要负责人未履行本法规定的安全生产管理职责的，责令限期改正，并处罚款；逾期未改正的，并处罚款，责令生产经营单位停产停业整顿。

生产经营单位的主要负责人因未履行职责而导致生产安全事故发生的，给予撤职处分；构成犯罪的，依照《刑法》有关规定追究刑事责任。

生产经营单位的主要负责人因未履行职责导致生产安全事故发生，受刑事处罚或者撤职处分的，还将受相应职业禁止处罚。

关联参见

《刑法》第 134 条

第九十五条　【对单位主要负责人罚款】生产经营单位的主要负责人未履行本法规定的安全生产管理职责，导致发生生产安全事故的，由应急管理部门依照下列规定处以罚款：

（一）发生一般事故的，处上一年年收入百分之四十的罚款；

（二）发生较大事故的，处上一年年收入百分之六十的罚款；

（三）发生重大事故的，处上一年年收入百分之八十的罚款；

（四）发生特别重大事故的，处上一年年收入百分之一百的罚款。

第九十六条　【单位安全生产管理人员违法责任】生产经营单位的其他负责人和安全生产管理人员未履行本法规定的安全生产管理职责的，责令限期改正，处一万元以上三万元以下的罚款；导致发生生产安全事故的，暂停或者吊销其与安全生产有关的资格，并处上一年年收入百分之二十以上百分之五十以下的罚款；构成犯罪的，依照刑法有关规定追究刑事责任。

条文解读

本法第25条规定了生产经营单位的安全生产管理机构以及安全生产管理人员的职责。除生产经营单位主要负责人外，生产经营单位的其他负责人和安全生产管理人员未履行本法规定的安全生产管理职责的，责令限期改正，并处罚款。如果导致发生生产安全事故的，还将暂停或者吊销其与安全生产有关的资格，并处上一年年收入20%以上50%以下的罚款；构成犯罪的，依照刑法有关规定追究刑事责任。

实务应用

47. 接受委托指派的注册安全工程师如果在工作中未履行本法规定的安全生产管理职责，是否适用本条规定？

本条规定的安全生产管理人员既包括生产经营单位的职工担任安全生产管理人员的情形，也包括生产经营单位根据本法第15条的规定委托有关安全生产管理服务机构的人员承担本单位安全生产管理工作的情形。目前，一些专门从事安全生产管理服务的中介机构，接受委托指派注册安全工程师到生产经营单位承担安全生产管理工作，接受委托指派的注册安全工程师如果在工作中未履行本法规定的安全生产管理职责，也应当适用本条的规定。

关联参见

《刑法》第134条

第九十七条　【生产经营单位安全管理违法责任（一）】 生产经营单位有下列行为之一的，责令限期改正，处十万元以下的罚款；逾期未改正的，责令停产停业整顿，并处十万元以上二十万元以下的罚款，对其直接负责的主管人员和其他直接责任人员处二万元以上五万元以下的罚款：

（一）未按照规定设置安全生产管理机构或者配备安全生产管理人员、注册安全工程师的；

（二）危险物品的生产、经营、储存、装卸单位以及矿山、金属冶炼、建筑施工、运输单位的主要负责人和安全生产管理人员未按照规定经考核合格的；

（三）未按照规定对从业人员、被派遣劳动者、实习学生进行安全生产教育和培训，或者未按照规定如实告知有关的安全生产事项的；

（四）未如实记录安全生产教育和培训情况的；

（五）未将事故隐患排查治理情况如实记录或者未向从业人员通报的；

（六）未按照规定制定生产安全事故应急救援预案或者未定期组织演练的；

（七）特种作业人员未按照规定经专门的安全作业培训并取得相应资格，上岗作业的。

实务应用

48. 各类违法行为是否适用“一事不再罚”？

《行政处罚法》第29条规定：“对当事人的同一个违法行为，不得给予两次以上罚款的行政处罚。同一个违法行为违反多个法律规范应当给予罚款处罚的，按照罚款数额高的规定处罚。”在《安全生产法》第97条规定的各类违法行为中，只要生产经营单位存在其中一个违法行为，就应处罚；如果存在多个违法行为，应该分别裁量，合并处罚。例如，一个生产单位存在多工种、多个特种作业人员未按照规定经专门的安全作业培训并取得相应资格就上岗作业的，仍属于一个违法行为。如果生产经营单位存在“未如实记录安全生产教育和培训情况的”和“未将事故隐患排查治理情况如实记录”又“未向从业人员通报”，因生产经营单位违反了不同的法律义务，要分别承担责任，也属于两个违法行为。

第九十八条　【建设项目违法责任】 生产经营单位有下列行为之一的，责令停止建设或者停产停业整顿，限期改正，并处十万元以上五十万元以下的罚款，对其直接负责的主管人员和其他直接责任人员处二万元以上五万元以下的罚款；逾期未改正的，处五十万元以上一百万元以下的罚款，对其直接负责的主管人员和其他直接责任人员处五万元以上十万元以下的罚款；构成犯罪的，依照刑法有关规定追究刑事责任：

（一）未按照规定对矿山、金属冶炼建设项目或者用于生产、储存、装卸危险物品的建设项目进行安全评价的；

（二）矿山、金属冶炼建设项目或者用于生产、储存、装卸危险物品的建设项目没有安全设施设计或者安全设施设计未按照规定报经有关部门审查同意的；

（三）矿山、金属冶炼建设项目或者用于生产、储存、装卸危险物品的建设项目的施工单位未按照批准的安全设施设计施工的；

（四）矿山、金属冶炼建设项目或者用于生产、储存、装卸危险物品的建设项目竣工投入生产或者使用前，安全设施未经验收合格的。

条文解读

针对本条规定涉及的违法行为，2021年法律修改的主要内容是进一步加重违法行为的行政处罚力度。与原条文规定相比，主要是两处变化：一是生产经营单位如果存在相关违法行为的，除责令停止建设或者停产停业整顿，限期改正外，对生产经营单位和直接负责的主管人员和其他直接责任人员分别并处罚款，具体金额分别为“10 万元以上 50 万元以下”和“2 万元以上 5 万元以下”。二是调整逾期未改正时，对其直接负责的主管人员和其他直接责任人员的罚款金额，从“2 万元以上 5 万元以下”调整为“5 万元以上 10 万元以下”。

第九十九条　【生产经营单位安全管理违法责任（二）】 生产经营单位有下列行为之一的，责令限期改正，处五万元以下的罚款；逾期未改正的，处五万元以上二十万元以下的罚款，对其直接负责的主管人员和其他直接责任人员处一万元以上二万元以下的罚款；情节严重的，责令停产停业整顿；构成犯罪的，依照刑法有关规定追究刑事责任：

（一）未在有较大危险因素的生产经营场所和有关设施、设备上设置明显的安全警示标志的；

（二）安全设备的安装、使用、检测、改造和报废不符合国家标准或者行业标准的；

（三）未对安全设备进行经常性维护、保养和定期检测的；

（四）关闭、破坏直接关系生产安全的监控、报警、防护、救生设备、设施，或者篡改、隐瞒、销毁其相关数据、信息的；

（五）未为从业人员提供符合国家标准或者行业标准的劳动防护用品的；

（六）危险物品的容器、运输工具，以及涉及人身安全、危险性较大的海洋石油开采特种设备和矿山井下特种设备未经具有专业资质的机构检测、检验合格，取得安全使用证或者安全标志，投入使用的；

（七）使用应当淘汰的危及生产安全的工艺、设备的；

（八）餐饮等行业的生产经营单位使用燃气未安装可燃气体报警装置的。

条文解读

本法第35条至第38条和第48条，规定了生产经营单位的法定责任和义务，本条相应规定了法律责任。为在监督管理上做好《安全生产法》与《刑法修正案（十一）》关于危险作业罪规定的衔接，增加规定了“关闭、破坏直接关系生产安全的监控、报警、防护、救生设备、设施，或者篡改、隐瞒、销毁其相关数据、信息”行为的处罚责任；针对餐饮等行业的生产经营单位使用燃气隐患突出问题，增加规定餐饮等行业的生产经营单位使用燃气未安装可燃气体报警装置的法律责任。

根据《应急管理部关于加强安全生产执法工作的意见》的要求，要密切行刑衔接。严格贯彻实施《刑法修正案（十一）》，加大危险作业行为刑事责任追究力度。发现在生产、作业中有关闭、破坏直接关系生产安全的设备、设施，或者篡改、隐瞒、销毁其相关数据信息，或者是未经依法批准或许可擅自从事高度危险的生产作业活动等违反有关安全管理规定的情形，具有导致重大伤亡事故或者其他严重后果的现实危险行为，各级应急管理部门及消防救援机构要按照《安全生产行政执法与刑事司法衔接工作办法》（应急〔2019〕54号），及时移送司法机关，依法追究刑事责任，不得以行政处罚代替移送，坚决纠正有案不送、以罚代刑等问题。对其他涉及刑事责任的违法行为，按照有关法律法规和程序，及时移交查办。

关联参见

《刑法》第134条之一

第一百条　【违法经营危险物品】 未经依法批准，擅自生产、经营、运输、储存、使用危险物品或者处置废弃危险物品的，依照有关危险物品安全管理的法律、行政法规的规定予以处罚；构成犯罪的，依照刑法有关规定追究刑事责任。

条文解读

本条讲的构成犯罪，主要是指构成《刑法》第136条规定的危险物品肇事罪。《刑法》第136条规定，违反爆炸性、易燃性、放射性、毒害性、腐蚀性物品的管理规定，在生产、储存、运输、使用中发生重大事故，造成严重后果的，处3年以下有期徒刑或者拘役；后果特别严重的，处3年以上7年以下有期徒刑。构成危险物品肇事罪，应当符合以下构成要件：首先，行为人在主观方面是过失，如果行为人主观上是故意，则不构成本罪，可能构成爆炸罪等犯罪。其次，行为人客观上实施了违反爆炸性、易燃性、放射性、毒害性、腐蚀性物品管理规定的行为。未经依法批准擅自生产、经营、运输、储存、使用危险物品或者处置废弃危险物品的，就可能属于违反爆炸性、易燃性、放射性、毒害性、腐蚀性物品管理规定的行为。最后，必须由于违反管理规定在生产、储存、运输、使用中发生重大事故造成严重后果，这是追究刑事责任的必要条件。根据《最高人民检察院、公安部关于公安机关管辖的刑事案件立案追诉标准的规定（一）》第12条的规定，违反爆炸性、易燃性、放射性、毒害性、腐蚀性物品的管理规定，在生产、储存、运输、使用中发生重大事故，涉嫌下列情形之一的，应予立案追诉：（1）造成死亡1人以上，或者重伤3人以上；（2）造成直接经济损失50万元以上的；（3）其他造成严重后果的情形。

根据本条规定，任何人未经有关主管部门审批均不得生产、经营、运输、储存、使用危险物品或者处置废弃危险物品，这里的“任何人”，包括自然人、法人和其他组织。

第一百零一条　【生产经营单位安全管理违法责任（三）】 生产经营单位有下列行为之一的，责令限期改正，处十万元以下的罚款；逾期未改正的，责令停产停业整顿，并处十万元以上二十万元以下的罚款，对其直接负责的主管人员和其他直接责任人员处二万元以上五万元以下的罚款；构成犯罪的，依照刑法有关规定追究刑事责任：

（一）生产、经营、运输、储存、使用危险物品或者处置废弃危险物品，未建立专门安全管理制度、未采取可靠的安全措施的；

（二）对重大危险源未登记建档，未进行定期检测、评估、监控，未制定应急预案，或者未告知应急措施的；

（三）进行爆破、吊装、动火、临时用电以及国务院应急管理部门会同国务院有关部门规定的其他危险作业，未安排专门人员进行现场安全管理的；

（四）未建立安全风险分级管控制度或者未按照安全风险分级采取相应管控措施的；

（五）未建立事故隐患排查治理制度，或者重大事故隐患排查治理情况未按照规定报告的。

条文解读

本条是关于违反危险物品安全管理规定、进行危险作业未安排专门人员进行现场安全管理、未建立安全风险分级管控制度或者未按照安全风险分级采取相应管控措施等违法行为的法律责任的规定，是对2014年《安全生产法》第98条的修改与完善。主要体现在两个方面：一是将“可以处十万元以下的罚款”修改为“处十万元以下的罚款”。二是增加了违法行为的情形：（1）增加了“对重大危险源未告知应急措施的”“未建立安全风险分级管控制度或者未按照安全风险分级采取相应管控措施的”“重大事故隐患排查治理情况未按照规定报告的”这三种违法行为；（2）增加了“动火、临时用电”这两种作业需要专门人员进行现场安全管理的规定。

第一百零二条　【未采取措施消除事故隐患违法责任】生产经营单位未采取措施消除事故隐患的，责令立即消除或者限期消除，处五万元以下的罚款；生产经营单位拒不执行的，责令停产停业整顿，对其直接负责的主管人员和其他直接责任人员处五万元以上十万元以下的罚款；构成犯罪的，依照刑法有关规定追究刑事责任。

条文解读

生产经营单位应当建立安全风险分级管控制度，按照安全风险分级采取相应的管控措施，及时发现并消除事故隐患。生产经营单位未采取措施消除事故隐患的，将承担相应的法律责任。

《刑法》第 134 条之一规定了危险作业罪。该条第 2 项的规定为："因存在重大事故隐患被依法责令停产停业、停止施工、停止使用有关设备、设施、场所或者立即采取排除危险的整改措施，而拒不执行的。"本项规定可以涵盖安全生产领域各类违反规定的行为，同时其在标准条件上又是极为严格的：第一，存在重大事故隐患；第二，经监管部门责令整改；第三，拒不整改。这一构成犯罪的条件是递进的。本项规定实际上要求附加行政部门前置处罚的规定，促使监管部门履职到位。这样既控制了处罚范围，又适应了实践情况和加强安全生产监管的实际需要。

第一百零三条　【违法发包、出租和违反项目安全管理的法律责任】 生产经营单位将生产经营项目、场所、设备发包或者出租给不具备安全生产条件或者相应资质的单位或者个人的，责令限期改正，没收违法所得；违法所得十万元以上的，并处违法所得二倍以上五倍以下的罚款；没有违法所得或者违法所得不足十万元的，单处或者并处十万元以上二十万元以下的罚款；对其直接负责的主管人员和其他直接责任人员处一万元以上二万元以下的罚款；导致发生生产安全事故给他人造成损害的，与承包方、承租方承担连带赔偿责任。

生产经营单位未与承包单位、承租单位签订专门的安全生产管理协议或者未在承包合同、租赁合同中明确各自的安全生产管理职责，或者未对承包单位、承租单位的安全生产统一协调、管理的，责令限期改正，处五万元以下的罚款，对其直接负责的主管人员和其他直接责任人员处一万元以下的罚款；逾期未改正的，责令停产停业整顿。

矿山、金属冶炼建设项目和用于生产、储存、装卸危险物品的建设项目的施工单位未按照规定对施工项目进行安全管理的，责令限期改正，处十万元以下的罚款，对其直接负责的主管人员和其他直接责任人员处二万元以下的罚款；逾期未改正的，责令停产停业整顿。以上施工单位倒卖、出租、出借、挂靠或者以其他形式非法转让施工资质的，责令停产停业整顿，吊销资质证书，没收违法所得；违法所得十万元以上的，并处违法所得二倍以上五倍以下的罚款，没有违法所得或者违法所得不足十万元的，单处或者并处十万元以上二十万元以下的罚款；对其直接负责的主管人员和其他直接责任人员处五万元以上十万元以下的罚款；构成犯罪的，依照刑法有关规定追究刑事责任。

实务应用

49. 什么是连带赔偿责任？

本条第1款规定生产经营单位将生产经营项目、场所、设备发包或者出租给不具备安全生产条件或者相应资质的单位或者个人，导致发生生产安全事故给他人造成损害的，与承包方、承租方承担连带赔偿责任。即因生产经营单位将生产经营项目、场所、设备发包或者出租给不具备安全生产条件或者相应资质的单位或者个人而导致发生生产安全事故给他人造成损害的，受损失方可以要求作为发包方或者出租方的生产经营单位和承包方或者承租方的任何一方承担全部赔偿责任。连带责任的特征主要表现在：（1）连带责任对于责任人而言是一种比较严重的责任方式。连带责任对外是一个整体的责任，连带责任中的每个责任人都需要对权利人承担全部责任，被请求承担全部责任的连带责任人，不得以自己的过错程度等为由只承担自己的责任。（2）连带责任对权利人的保护更为充分。连带责任给了权利人选择权，权利人可以请求一个或者数个连带责任人承担全部或者部分责任，在某个或者部分连带责任人无清偿能力的情况下，权利人的全部债权并不受到威胁。(3) 连带责任是法定责任，责任人不能约定改变责任的性质，对于内部责任份额的约定对外不发生效力。

50. 建筑施工、矿山企业等用人单位将工程（业务）或经营权发包给不具备用工主体资格的组织或自然人，对该组织或自然人招用的劳动者，发生工伤后由谁承担责任？

根据《关于确立劳动关系有关事项的通知》第4条的规定，建筑施工、矿山企业等用人单位将工程（业务）或经营权发包给不具备用工主体资格的组织或自然人，对该组织或自然人招用的劳动者，由具备用工主体资格的发包方承担用工主体责任。

51. “违法所得”如何认定？

《安全生产违法行为行政处罚办法》第58条规定：“本办法所称的违法所得，按照下列规定计算：（一）生产、加工产品的，以生产、加工产品的销售收入作为违法所得；（二）销售商品的，以销售收入作为违法所得；（三）提供安全生产中介、租赁等服务的，以服务收入或者报酬作为违法所得；（四）销售收入无法计算的，按当地同类同等规模的生产经营单位的平均销售收入计算；（五）服务收入、报酬无法计算的，按照当地同行业同种服务的平均收入或者报酬计算。”

第一百零四条　【同一作业区域安全管理违法责任】 两个以上生产经营单位在同一作业区域内进行可能危及对方安全生产的生产经营活动，未签订安全生产管理协议或者未指定专职安全生产管理人员进行安全检查与协调的，责令限期改正，处五万元以下的罚款，对其直接负责的主管人员和其他直接责任人员处一万元以下的罚款；逾期未改正的，责令停产停业。

条文解读

同一区域内，有两个以上生产经营单位进行作业，可能危及对方安全生产的，应当签订安全管理协议，并指定专职安全生产管理人员进行安全检查与协调。例如，在同一区域内，既有从事煤层气开采的活动，又存在煤炭资源的开采活动的，这两个生产经营单位在同一作业区域内进行可能危及对方安全生产的生产经营活动，如果未签订安全生产管理协议或者未指定专职安全生产管理人员进行安全检查与协调，责令限期改正，处5万元以下的罚款，对其直接负责的主管人员和其他直接责任人员处1万元以下的罚款；逾期未改正的，责令停产停业。

第一百零五条　【生产经营场所和员工宿舍违法责任】生产经营单位有下列行为之一的，责令限期改正，处五万元以下的罚款，对其直接负责的主管人员和其他直接责任人员处一万元以下的罚款；逾期未改正的，责令停产停业整顿；构成犯罪的，依照刑法有关规定追究刑事责任：

（一）生产、经营、储存、使用危险物品的车间、商店、仓库与员工宿舍在同一座建筑内，或者与员工宿舍的距离不符合安全要求的；

（二）生产经营场所和员工宿舍未设有符合紧急疏散需要、标志明显、保持畅通的出口、疏散通道，或者占用、锁闭、封堵生产经营场所或者员工宿舍出口、疏散通道的。

条文解读

本条规定的构成犯罪，主要是指构成《刑法》第136条规定的危险物品肇事罪和第139条规定的消防责任事故罪。构成消防责任事故罪，须具备以下要件：一是行为人主观上是出于过失；二是行为人客观上违反了消防管理规定，并且经消防监督机构通知采取改正措施而拒绝执行；三是必须造成严重后果。需要注意的是，以上两种犯罪中的“过失”是指行为人对于严重后果的发生在主观心态上是过失，包括疏忽大意的过失和过于自信的过失两种，行为人对于自己的行为违反相关管理规定则可能是故意的。对于造成什么样的后果才构成这里的“严重后果”，应当参照《最高人民检察院、公安部关于公安机关管辖的刑事案件立案追诉标准的规定（一）》的相关规定，造成死亡 1 人以上，或者重伤 3 人以上；造成直接经济损失 50 万元以上；等等。

关联参见

《刑法》第 136 条、第 139 条；《最高人民检察院、公安部关于公安机关管辖的刑事案件立案追诉标准的规定（一）》第 12 条、第 15 条

第一百零六条　【免责协议违法责任】 生产经营单位与从业人员订立协议，免除或者减轻其对从业人员因生产安全事故伤亡依法应承担的责任的，该协议无效；对生产经营单位的主要负责人、个人经营的投资人处二万元以上十万元以下的罚款。

实务应用

52. 生产经营单位与从业人员签订的劳动合同中有免除或者减轻其对从业人员因生产安全事故伤亡依法应承担的责任的条款，合同整体都无效吗？

生产经营单位免除或者减轻其对从业人员因生产安全事故伤亡依法应承担的责任的协议表现为生产经营单位与从业人员签订的劳动合同中的有关条款时，无效的仅仅是生产经营单位免除或者减轻其责任的那部分条款，劳动合同的其余部分仍然有效，对双方当事人有约束力。而无效的条款，从签订之日起就没有法律约束力，法律既不保护无效协议当事人的利益，也不强制当事人履行无效协议规定的义务。

第一百零七条　【从业人员违章操作的法律责任】生产经营单位的从业人员不落实岗位安全责任，不服从管理，违反安全生产规章制度或者操作规程的，由生产经营单位给予批评教育，依照有关规章制度给予处分；构成犯罪的，依照刑法有关规定追究刑事责任。

条文解读

本条规定的构成犯罪，主要是指构成《刑法》第134条第1款规定的重大责任事故罪。《刑法》第134条第1款规定，在生产、作业中违反有关安全管理的规定，因而发生重大伤亡事故或者造成其他严重后果的，处3年以下有期徒刑或者拘役；情节特别恶劣的，处3年以上7年以下有期徒刑。构成重大责任事故罪，须具备以下条件：一是行为人在生产、作业中实施了违反有关安全管理规定的行为。二是因违反安全管理规定造成重大伤亡事故或者其他严重后果，违反规定的行为与重大伤亡事故或者其他严重后果之间存在刑法上的因果关系。对于何为“重大伤亡事故或者其他严重后果”，根据《最高人民检察院、公安部关于公安机关管辖的刑事案件立案追诉标准的规定（一）》第8条的规定，在生产、作业中违反有关安全管理的规定，涉嫌下列情形之一的，应予立案追诉：（1）造成死亡1人以上，或者重伤3人以上；（2）造成直接经济损失50万元以上的；（3）发生矿山生产安全事故，造成直接经济损失100万元以上的；（4）其他造成严重后果的情形。三是行为人主观方面表现为过失。即应当知道自己违反安全管理规定生产、作业的行为可能会造成重大伤亡事故或者其他严重后果但因为疏忽大意而没有预见，或者虽然已经预见但根据主客观条件轻信能够避免，最终导致重大伤亡事故或者其他严重后果。如果行为人对造成的后果的心态是故意，则构成其他危害公共安全的犯罪。无论是疏忽大意的过失还是过于自信的过失，行为人主观上都不希望发生重大伤亡事故或者其他严重后果，但其对于违反安全管理规定本身则可能是出于故意。

关联参见

《刑法》第134条；《最高人民检察院、公安部关于公安机关管辖的刑事案件立案追诉标准的规定（一）》第8条

第一百零八条　【生产经营单位不服从监督检查违法责任】违反本法规定，生产经营单位拒绝、阻碍负有安全生产监督管理职责的部门依法实施监督检查的，责令改正；拒不改正的，处二万元以上二十万元以下的罚款；对其直接负责的主管人员和其他直接责任人员处一万元以上二万元以下的罚款；构成犯罪的，依照刑法有关规定追究刑事责任。

条文解读

本条所称构成犯罪，主要是指构成《刑法》第277条规定的妨害公务罪。构成妨害公务罪，须具备以下条件：一是行为人以暴力、威胁方法阻碍国家机关工作人员依法执行职务或阻碍全国人民代表大会和地方各级人民代表大会代表依法执行代表职务或阻碍红十字会工作人员依法履行职责。所谓“暴力”，是指对执行公务人员的人身进行打击或者强制，如捆绑、殴打等，如果行为人在使用暴力过程中，造成重伤或者死亡，牵连触犯了故意伤害罪或者故意杀人罪的，应当按照牵连犯的处理原则，从一重罪处断，即以故意伤害罪或者故意杀人罪定罪处罚。所谓“威胁”，是指以杀害、伤害、毁坏财物、损害名誉等造成损害相威逼、胁迫。如果行为人只是吵闹、谩骂等，并未实施暴力或者威胁方法的，则不构成本罪，属于违反治安管理行为的，要依据《治安管理处罚法》的规定由公安机关予以治安管理处罚。根据《治安管理处罚法》的规定，阻碍国家机关工作人员依法执行职务的，处警告或者200元以下罚款；情节严重的，处5日以上10日以下拘留，可以并处500元以下罚款。二是行为人主观上是出于故意。

关联参见

《刑法》第 277 条；《治安管理处罚法》第 50 条

第一百零九条　【未投保安全生产责任保险的违法责任】 高危行业、领域的生产经营单位未按照国家规定投保安全生产责任保险的，责令限期改正，处五万元以上十万元以下的罚款；逾期未改正的，处十万元以上二十万元以下的罚款。

条文解读

本条是关于应投保而未投保安全生产责任保险的法律责任的规定。

本条所称的“国家规定”，不限于《安全生产法》的规定，还包括其他法律、法规、规章中规定应当投保安全生产责任保险的高危行业、领域的生产经营单位。例如，《安全生产责任保险实施办法》第 6 条第 1 款规定，煤矿、非煤矿山、危险化学品、烟花爆竹、交通运输、建筑施工、民用爆炸物品、金属冶炼、渔业生产等高危行业领域的生产经营单位应当投保安全生产责任保险。这些生产经营单位不投保安全生产责任保险的，负有安全生产监督管理职责的部门可依据本条的规定对其进行处罚。

第一百一十条　【单位主要负责人事故处理违法责任】 生产经营单位的主要负责人在本单位发生生产安全事故时，不立即组织抢救或者在事故调查处理期间擅离职守或者逃匿的，给予降级、撤职的处分，并由应急管理部门处上一年年收入百分之六十至百分之一百的罚款；对逃匿的处十五日以下拘留；构成犯罪的，依照刑法有关规定追究刑事责任。

生产经营单位的主要负责人对生产安全事故隐瞒不报、谎报或者迟报的，依照前款规定处罚。

实务应用

53. 对生产经营单位的主要负责人的罚款的细化规定是怎样的？

根据《生产安全事故罚款处罚规定（试行）》第 11 条和第 13 条的规定，事故发生单位主要负责人有《安全生产法》第 110 条、《生产安全事故报告和调查处理条例》第 35 条规定的下列行为之一的，依照下列规定处以罚款：（1）事故发生单位主要负责人在事故发生后不立即组织事故抢救的，处上一年年收入 100%的罚款；（2）事故发生单位主要负责人迟报事故的，处上一年年收入 60%至 80%的罚款；漏报事故的，处上一年年收入 40%至 60%的罚款；（3）事故发生单位主要负责人在事故调查处理期间擅离职守的，处上一年年收入 80%至 100%的罚款。

案例指引

24. 同时构成重大责任事故罪和谎报安全事故罪的，如何处理？[①]

黄某某等人重大责任事故、谎报安全事故案

关键词 谎报安全事故罪　引导侦查取证　污染处置　化解社会矛盾

要旨

检察机关要充分运用行政执法和刑事司法衔接工作机制，通过积极履职，加强对线索移送和立案的法律监督。认定谎报安全事故罪，要重点审查谎报行为与贻误事故抢救结果之间的因果关系。对同时构成重大责任事故罪和谎报安全事故罪的，应当数罪并罚。应注重督促涉事单位或有关部门及时赔偿被害人损失，有效化解社会矛盾。安全生产事故涉及生态环境污染等公益损害的，刑事检察部门要和公益诉讼检察部门加强协作配合，督促协同行政监管部门，统筹运用法律、行政、经济等手

① 最高人民检察院检例第 96 号。

段严格落实企业主体责任，修复受损公益，防控安全风险。

基本案情

被告人黄某某，男，福建A石油化工实业有限公司（简称A公司）原法定代表人兼执行董事。

被告人雷某某，男，A公司原副总经理。

被告人陈某某，男，A公司原常务副总经理兼安全生产管理委员会主任。

被告人陈小某，男，A公司码头原操作工。

被告人刘某某，男，A公司码头原操作班长。

被告人林某某，男，B船务有限公司（简称B公司）“天桐1”船舶原水手。

被告人叶某某，男，B公司“天桐1”船舶原水手长。

被告人徐某某，男，A公司原安全环保部经理。

2018年3月，C材料科技有限公司（简称C公司）与A公司签订货品仓储租赁合同，租用A公司3005#、3006#储罐用于存储其向福建某石油化工有限公司购买的工业用裂解碳九（简称碳九）。同年，B公司与C公司签订船舶运输合同，委派“天桐1”船舶到A公司码头装载碳九。

同年11月3日16时许，“天桐1”船舶靠泊在A公司2000吨级码头，准备接运A公司3005#储罐内的碳九。18时30分许，当班的刘某某、陈小某开始碳九装船作业，因码头吊机自2018年以来一直处于故障状态，二人便违规操作，人工拖拽输油软管，将岸上输送碳九的管道终端阀门和船舶货油总阀门相连接。陈小某用绳索把输油软管固定在岸上操作平台的固定支脚上，船上值班人员将船上的输油软管固定在船舶的右舷护栏上。19时许，刘某某、陈小某打开码头输油阀门开始输送碳九。其间，被告人徐某某作为值班经理，刘某某、陈小某作为现场操作班长及操作工，叶某某、林某某作为值班水手长及水手，均未按规定在各自职责范围内对装船情况进行巡查。4日凌晨，输油软管因两端被绳索固定致下拉长度受限而破裂，约69.1吨碳九泄漏，造成A公司码头附近海域水体、空气等受到污染，周边69名居民身体不适接受治疗。泄漏的碳九越过围油栏扩散至附近海域网箱养殖区，部分浮体被碳九溶解，导致网箱下沉。

事故发生后，雷某某到达现场向A公司生产运行部副经理卢某和计量员庄某核实碳九泄漏量，在得知实际泄漏量约有69.1吨的情况后，要求船方隐瞒事故原因和泄漏量。黄某某、雷某某、陈某某等人经商议，决定在对外通报及向相关部门书面报告中谎报事故发生的原因是法兰垫片老化、碳九泄漏量为6.97吨。A公司也未按照海上溢油事故专项应急预案等有关规定启动一级应急响应程序，导致不能及时有效地组织应急处置人员开展事故抢救工作，直接贻误事故抢救时机，进一步扩大事故危害后果，并造成不良的社会影响。经审计，事故造成直接经济损失672.73万元。经泉州市生态环境局委托，生态环境部华南环境科学研究所作出技术评估报告，认定该起事故泄漏的碳九是一种组分复杂的混合物，其中含量最高的双环戊二烯为低毒化学品，长期接触会刺激眼睛、皮肤、呼吸道及消化道系统，遇明火、高热或与氧化剂接触，有引起燃烧爆炸的危险。本次事故泄漏的碳九对海水水质的影响天数为25天，对海洋沉积物及潮间带泥滩的影响天数为100天，对海洋生物质量的影响天数为51天，对海洋生态影响的最大时间以潮间带残留污染物全部挥发计，约100天。

检察机关履职过程

（一）介入侦查

经事故调查组认定，该事故为企业生产管理责任不落实引发的化学品泄漏事故。事故发生后，泉州市泉港区人民检察院与泉州市及泉港区原安监部门、公安机关等共同就事故定性与侦查取证方向问题进行会商。泉港区人民检察院根据已掌握的情况并听取省、市两级检察院指导意见，提出涉案人员可能涉嫌重大责任事故罪、谎报安全事故罪。2018年11月10日、11月23日，泉港公安分局分别以涉嫌上述两罪对黄某某等8人立案侦查。泉港区人民检察院提前介入引导侦查，提出取证方向和重点：尽快固定现场证据，调取能体现涉案人员违规操作及未履行日常隐患排查和治理职责的相关证据，及船舶安全管理文件、复合软管使用操作规程、油船码头安全作业规程、A公司操作规程等证据材料；根据案件定性，加强对犯罪现场的勘验，强化勘验现场与言词证据的印证关系；注重客观证据的收集，全面调取监控视频、语音通话、短信、聊天记录等电子证据。侦查过程中，持续跟进案件办理，就事实认定、强制措施适用、办案程序规范等进一步提出意见建议。11月24日，泉港区人民检察院对相关责任人员批准逮捕后，发出《逮捕案件继续侦查取证意见书》，要求公安机关及时调取事故调查报告，收集固定直接经济损失、人员受损、环境污染等相关证据，委托相关机构出具涉案碳九属性的检验报告，调取A公司谎报事故发生原因、泄漏量以及谎报贻误抢救时机等相关证据材料，并全程跟踪、引导侦查取证工作。上述证据公安机关均补充到位，为后续案件办理奠定了扎实的基础。

（二）审查起诉

案件移送起诉后，泉港区人民检察院成立以检察长为主办检察官的办案组，针对被告人陈某某及其辩护人提出的陈某某虽被任命为常务副总经理职务，但并未实际参与安全生产，也未履行安全生产工作职责，其不构成重大责任事故罪的意见，及时要求公安机关调取A公司内部有关材料，证实了陈某某实际履行A公司安全生产职责，系安全生产第一责任人的事实。针对公安机关出具的陈某某、刘某某、陈小某系主动投案的到案经过说明与案件实际情况不符等问题，通过讯问被告人、向事故调查组核实等方式自行侦查进行核实。经查，公安机关根据掌握的线索，先后将陈某某、刘某某、陈小某带至办案中心进行审查，3人均不具备到案的主动性。本案未经退回补充侦查，2019年6月6日，泉港区人民检察院以黄某某、雷某某、陈某某涉嫌重大责任事故罪、谎报安全事故罪，以陈小某等5人涉嫌重大责任事故罪向泉港区人民法院提起公诉，并分别提出量刑建议。

（三）指控与证明犯罪

鉴于该案重大复杂，泉港区人民检察院建议法院召开庭前会议，充分听取被告人、辩护人的意见。2019 年 7 月 5 日，泉港区人民法院开庭审理此案。庭审中，部分被告人及辩护人提出黄某某、雷某某、陈某某的谎报行为未贻误抢救时机，不构成谎报安全事故罪；被告人陈某某不具有安全生产监管责任，不构成重大责任事故罪；对部分被告人应当适用缓刑等辩解和辩护意见。公诉人针对上述辩护意见有针对性地对各被告人展开讯问，并全面出示证据，充分证实了检察机关指控的各被告人的犯罪事实清楚、证据确实充分。针对黄某某等人的行为不构成谎报安全事故罪的辩解，公诉人答辩指出，黄某某等人合谋并串通他人瞒报碳九泄漏数量，致使 A 公司未能采取最高级别的一级响应（溢油量 50 吨以上），而只是采取最低级别的三级响应（溢油量 10 吨以下）。按照规定，一级响应需要全公司和社会力量参与应急，三级响应则仅需运行部门和协议单位参与应急。黄某某等人的谎报行为贻误了事故救援时机，导致直接经济损失扩大，同时造成了恶劣社会影响，依法构成谎报安全事故罪。针对陈某某不构成重大责任事故罪的辩解，公诉人指出，根据补充调取的书证及相关证人证言、被告人供述和辩解等证据，足以证实陈某某在案发前被任命为常务副总经理兼安全生产管理委员会主任，并已实际履行职务，系 A 公司安全生产第一责任人，其未在责任范围内有效履行安全生产管理职责，未发现并制止企业日常经营中长期存在的违规操作行为，致使企业在生产、作业过程中存在重大安全隐患，最终导致本案事故的发生，其应当对事故的发生承担主要责任，构成重大责任事故罪。针对应当对部分被告人适用缓刑的辩护意见，公诉人指出，本案性质恶劣，后果严重，不应对被告人适用缓刑。公诉人在庭审中的意见均得到一、二审法院的采纳。

（四）处理结果

2019 年 10 月 8 日，泉港区人民法院作出一审判决，采纳检察机关指控的事实、罪名及量刑建议。对被告人黄某某以重大责任事故罪、谎报安全事故罪分别判处有期徒刑三年六个月、一年六个月，数罪并罚决定执行四年六个月；对被告人雷某某以重大责任事故罪、谎报安全事故罪分别判处有期徒刑二年六个月、二年三个月，数罪并罚决定执行四年三个月；对被告人陈某某以重大责任事故罪、谎报安全事故罪分别判处有期徒刑一年六个月，数罪并罚决定执行二年六个月。对陈小某等 5 名被告人，以重大责任事故罪判处有期徒刑一年六个月至二年三个月不等。禁止黄某某、雷某某在判决规定期限内从事与安全生产相关的职业。雷某某等 6 人不服一审判决，提出上诉。2019 年 12 月 2 日，泉州市中级人民法院裁定驳回上诉，维持原判。判决已生效。

（五）污染处置

该起事故造成码头附近海域及海上网箱养殖区被污染，部分区域空气刺鼻，当地医院陆续接治接触泄漏碳九的群众 69 名，其中留院观察 11 名。泄漏的碳九越过围油栏扩散至网箱养殖区约 300 亩，直接影响海域面积约 0.6 平方公里，受损网箱养殖区涉及养殖户 152 户、养殖面积 99 单元。针对事故造成的危害后果，泉港区人民检察院认真听取被害人的意见和诉求，积极协调政府相关职能部门督促 A 公司赔偿事故周边群众的经济损失。在一审判决前，A 公司向受损养殖户回购了受污染的网箱养殖鲍鱼等海产品，及时弥补了养殖户损失，化解了社会矛盾。

泉港区人民检察院在提前介入侦查过程中，发现事故对附近海域及大气造成污染，刑事检察部门与公益诉讼检察部门同步介入，密切协作配合，根据当地行政执法与刑事司法衔接工作规定，及时启动重大案件会商机制，联系环保、海洋与渔业等部门，实地查看污染现场，了解事件进展情况。并针对案件性质、可能导致的后果等情况进行风险评估研判，就污染监测鉴定、公私财产损失计算、海域污染清理、修复等事宜对公安机关侦查和环保部门取证工作提出意见建议。前期取证工作，为泉州市生态环境局向厦门海事法院提起海洋自然资源与生态环境损害赔偿诉讼，奠定了良好基础。

指导意义

（一）准确认定谎报安全事故罪。一是本罪主体为特殊主体，是指对安全事故负有报告职责的人员，一般为发生安全事故的单位中负有组织、指挥或者管理职责的负责人、管理人员、实际控制人、投资人以及其他负有报告职责的人员，不包括没有法定或者职务要求报告义务的普通工人。二是认定本罪，应重点审查谎报事故的行为与贻误事故抢救结果之间是否存在刑法上的因果关系。只有谎报事故的行为造成贻误事故抢救的后果，即造成事故后果扩大或致使不能及时有效开展事故抢救，才可能构成本罪。如果事故已经完成抢救，或者没有抢救时机（危害结果不可能加重或扩大），则不构成本罪。构成重大责任事故罪，同时又构成谎报安全事故罪的，应当数罪并罚。

（二）健全完善行政执法与刑事司法衔接工作机制，提升法律监督实效。检察机关要认真贯彻落实国务院《行政执法机关移送涉嫌犯罪案件的规定》和中共中央办公厅、国务院办公厅转发的原国务院法制办等八部门《关于加强行政执法与刑事司法衔接工作的意见》以及应急管理部、公安部、最高人民法院、最高人民检察院联合制定的《安全生产行政执法与刑事司法衔接工作办法》，依照本地有关细化规定，加强相关执法司法信息交流、规范案件移送、加强法律监督。重大安全生产事故发生后，检察机关可通过查阅案件资料、参与案件会商等方式及时了解案情，从案件定性、证据收集、法律适用等方面提出意见建议，发现涉嫌犯罪的要及时建议相关行政执法部门向公安机关或者监察机关移送线索，着力解决安全生产事故有案不移、以罚代刑、有案不立等问题，形成查处和治理重大安全生产事故的合力。

（三）重视被害人权益保障，化解社会矛盾。一些重大安全生产事故影响范围广泛，被害人人数众多，人身损害和财产损失交织。检察机关办案中应高度重视维护被害人合法权益，注重听取被害人意见，全面掌握被害人诉求。要加强与相关职能部门的沟通配合，督促事故单位尽早赔偿被害人损失，及时回应社会关切，有效化解社会矛盾，确保实现办案政治效果、法律效果和社会效果相统一。

（四）安全生产事故涉及生态环境污染的，刑事检察部门要和公益诉讼检察部门加强协作配合，减少公共利益损害。化工等领域的安全生产事故，造成生态环境污染破坏的，刑事检察部门和公益诉讼检察部门要加强沟通，探索“一案双查”，提高效率，及时通报情况、移送线索，需要进行公益损害鉴定的，及时引导公安机关在侦查过程中进行鉴定。要积极与行政机关磋商，协同追究事故企业刑事、民事、生态损害赔偿责任。推动建立健全刑事制裁、民事赔偿和生态补偿有机衔接的生态环境修复责任制度。依托办理安全生产领域刑事案件，同步办好所涉及的生态环境和资源保护等领域公益诉讼案件，积极稳妥推进安全生产等新领域公益诉讼检察工作。

相关法律规定

《中华人民共和国刑法》第二十五条、第六十九条、第一百三十四条第一款、第一百三十九条之一

《最高人民法院、最高人民检察院关于办理危害生产安全刑事案件适用法律若干问题的解释》第一条、第四条、第六条、第七条、第八条、第十六条

国务院《行政执法机关移送涉嫌犯罪案件的规定》

中共中央办公厅、国务院办公厅转发的原国务院法制办等八部门《关于加强行政执法与刑事司法衔接工作的意见》

应急管理部、公安部、最高人民法院、最高人民检察院《安全生产行政执法与刑事司法衔接工作办法》

第一百一十一条　【政府部门未按规定报告事故违法责任】

有关地方人民政府、负有安全生产监督管理职责的部门，对生产安全事故隐瞒不报、谎报或者迟报的，对直接负责的主管人员和其他直接责任人员依法给予处分；构成犯罪的，依照刑法有关规定追究刑事责任。

条文解读

本条是关于有关地方人民政府、负有安全生产监督管理职责的部门，对生产安全事故隐瞒不报、谎报或者迟报的法律责任的规定。

事故发生后，事故现场有关人员应当立即向本单位负责人报告；单位负责人接到报告后，应当于1小时内向事故发生地县级以上人民政府安全生产监督管理部门和负有安全生产监督管理职责的有关部门报告。情况紧急时，事故现场有关人员可以直接向事故发生地县级以上人民政府安全生产监督管理部门和负有安全生产监督管理职责的有关部门报告。应急管理部门和负有安全生产监督管理职责的有关部门接到事故报告后，应当依照下列规定上报事故情况，并通知公安机关、劳动保障行政部门、工会和人民检察院：（1）特别重大事故、重大事故逐级上报至国务院安全生产监督管理部门和负有安全生产监督管理职责的有关部门；（2）较大事故逐级上报至省、自治区、直辖市人民政府安全生产监督管理部门和负有安全生产监督管理职责的有关部门；（3）一般事故上报至设区的市级人民政府安全生产监督管理部门和负有安全生产监督管理职责的有关部门。应急管理部门和负有安全生产监督管理职责的有关部门依照前述规定上报事故情况，应当同时报告本级人民政府。应急管理部门和负有安全生产监督管理职责的有关部门以及省级人民政府接到发生特别重大事故、重大事故的报告后，应当立即报告国务院。必要时，安全生产监督管理部门和负有安全生产监督管理职责的有关部门可以越级上报事故情况。安全生产监督管理部门和负有安全生产监督管理职责的有关部门逐级上报事故情况，每级上报的时间不得超过2小时。

关联参见

《生产安全事故报告和调查处理条例》第9—11条

第一百一十二条　【按日连续处罚】生产经营单位违反本法规定，被责令改正且受到罚款处罚，拒不改正的，负有安全生产监督管理职责的部门可以自作出责令改正之日的次日起，按照原处罚数额按日连续处罚。

条文解读

针对“屡禁不止、屡罚不改”的现象，本法规定了按日连续处罚制度。适用该制度的法定条件是：（1）违反本法规定；（2）被责令改正且受到罚款处罚；（3）拒不改正。连续处罚的起算日期可以是负有安全生产监督管理职责的部门自作出责令改正之日的次日。

第一百一十三条　【生产经营单位安全管理违法责任（四）】生产经营单位存在下列情形之一的，负有安全生产监督管理职责的部门应当提请地方人民政府予以关闭，有关部门应当依法吊销其有关证照。生产经营单位主要负责人五年内不得担任任何生产经营单位的主要负责人；情节严重的，终身不得担任本行业生产经营单位的主要负责人：

（一）存在重大事故隐患，一百八十日内三次或者一年内四次受到本法规定的行政处罚的；

（二）经停产停业整顿，仍不具备法律、行政法规和国家标准或者行业标准规定的安全生产条件的；

（三）不具备法律、行政法规和国家标准或者行业标准规定的安全生产条件，导致发生重大、特别重大生产安全事故的；

（四）拒不执行负有安全生产监督管理职责的部门作出的停产停业整顿决定的。

条文解读

关闭 本条是关于“关闭”这一行政处罚具体适用的规定。

关闭并非当然为行政处罚。例如，生产经营单位自行关闭，煤矿因产能控制等政策原因关闭退出，这时的“关闭”就不是行政处罚。本条规定的生产经营单位的关闭是行政处罚，是指行政机关对违反行政管理秩序的生产经营单位，依法剥夺其从事某项生产经营活动的资格的行政处罚。根据本条的规定，关闭适用于以下四种情形：

1. 存在重大事故隐患，180 日内 3 次或者 1 年内 4 次受到本法规定的行政处罚的。在适用这一情形关闭生产经营单位时，必须明确两点：一是必须存在重大事故隐患，是否存在重大事故隐患通常以国务院有关部门制定的判定标准加以判断；二是必须因存在重大事故隐患在 180 日内 3 次或者 1 年内 4 次受到《安全生产法》规定的行政处罚的，依据其他法律受到处罚的，不构成这一情形。

2. 经停产停业整顿，仍不具备法律、行政法规和国家标准或者行业标准规定的安全生产条件的。对于生产经营单位不具备《安全生产法》和其他有关法律、行政法规和国家标准或者行业标准规定的安全生产条件，应由有关行政执法机关责令限期改正；逾期未改正的，给予责令停止建设或者停产停业整顿等行政处罚，对于经停产停业整顿仍然不具备安全生产条件的，应当给予关闭的行政处罚。

3. 不具备法律、行政法规和国家标准或者行业标准规定的安全生产条件，导致发生重大、特别重大生产安全事故的。在适用这一情形时，必须注意两点：一是必须发生重大、特别重大生产安全事故，发生一般事故的，不适用。二是重大、特别重大生产安全事故是因生产经营单位不具备法律、行政法规和国家标准或者行业标准规定的安全生产条件导致的。

4. 拒不执行负有安全生产监督管理职责的部门作出的停产停业整顿决定的。适用这一情形的条件有两个：一是负有安全生产监督管理职责的部门对生产经营单位作出了停产停业整顿决定；二是生产经营单位拒不执行该停产停业整顿决定。

第一百一十四条　【对事故责任单位罚款】发生生产安全事故，对负有责任的生产经营单位除要求其依法承担相应的赔偿等责任外，由应急管理部门依照下列规定处以罚款：

（一）发生一般事故的，处三十万元以上一百万元以下的罚款；

（二）发生较大事故的，处一百万元以上二百万元以下的罚款；

（三）发生重大事故的，处二百万元以上一千万元以下的罚款；

（四）发生特别重大事故的，处一千万元以上二千万元以下的罚款。

发生生产安全事故，情节特别严重、影响特别恶劣的，应急管理部门可以按照前款罚款数额的二倍以上五倍以下对负有责任的生产经营单位处以罚款。

条文解读

适用本条规定，对生产经营单位进行处罚的，应当符合以下条件：

1. 生产经营单位发生了生产安全事故。“事故”的判断按照《生产安全事故报告和调查处理条例》的标准进行。

2. 该事故属于责任事故。引发事故的原因很多，有自然原因，也有人为原因。法律是对人的行为的调整，如果是自然原因引起的事故，不属于责任事故，也就不能依据《安全生产法》第114条对生产经营单位进行处罚。

3. 生产经营单位对事故的发生负有责任，生产经营单位对事故的发生没有责任的，不适用本条的规定给予处罚。

第一百一十五条　【行政处罚决定机关】本法规定的行政处罚，由应急管理部门和其他负有安全生产监督管理职责的部门按照职责分工决定；其中，根据本法第九十五条、第一百一十条、第一百一十四条的规定应当给予民航、铁路、电力行业的生产经营单位及其主要负责人行政处罚的，也可以由主管的负有安全生产监督管理职责的部门进行处罚。予以关闭的行政处罚，由负有安全生产监督管理职责的部门报请县级以上人民政府按照国务院规定的权限决定；给予拘留的行政处罚，由公安机关依照治安管理处罚的规定决定。

条文解读

行政处罚，是行政执法机关为了维护公共利益和社会秩序，保护公民、法人和其他组织的合法权益，对违反行政管理秩序，依法应当给予行政相对人的法律制裁。行政处罚的种类，按照《行政处罚法》的规定，包括警告、通报批评、罚款、责令停产停业、暂扣许可证件、吊销许可证件、没收违法所得、没收非法财物、行政拘留等以及法律、行政法规规定的其他行政处罚。本法规定的行政处罚包括责令停产停业整顿、没收违法所得、罚款等。予以关闭的行政处罚由负有安全生产监督管理职责的部门报请县级以上人民政府按照国务院规定的权限决定。这里所说的关闭，是指行政机关对违反行政管理秩序的企业、事业单位或者其他组织，依法剥夺其从事某项生产经营活动的权利的一种行政处罚。给予拘留的行政处罚由公安机关依照《治安管理处罚法》规定的程序决定。这里规定的拘留，是一种行政拘留，是法定行政机关依法对违反行政法律规范的人，在短期内限制其人身自由的一种处罚。行政拘留是行政处罚中最为严厉的一种处罚。实施行政拘留的机关，一般仅限于公安机关。按照《治安管理处罚法》的规定，只有县级以上人民政府公安机关才享有行政拘留的裁决权，其他任何行政机关都没有决定行政拘留的权力。

第一百一十六条　【生产经营单位赔偿责任】生产经营单位发生生产安全事故造成人员伤亡、他人财产损失的，应当依法承担赔偿责任；拒不承担或者其负责人逃匿的，由人民法院依法强制执行。

生产安全事故的责任人未依法承担赔偿责任，经人民法院依法采取执行措施后，仍不能对受害人给予足额赔偿的，应当继续履行赔偿义务；受害人发现责任人有其他财产的，可以随时请求人民法院执行。

条文解读

按照本条第 2 款的规定，生产安全事故的责任人未依法承担赔偿责任，不履行生效的法律判决，经人民法院依法采取执行措施后，仍不能对受害人给予足额赔偿的，应当继续履行赔偿义务。按照《民事诉讼法》的规定，人民法院采取一定的执行措施后，被执行人仍不能偿还债务的，应当继续履行义务。债权人发现被执行人有其他财产的，可以随时请求人民法院执行。在实践当中，一般有两种情况：一是有些生产安全事故的责任人有能力履行赔偿义务，但是却称自己没有赔偿能力，企图拖延一段时间，不承担责任；二是有些生产安全事故的责任人确实是由于经济状况不好，或者资金周转不灵，无力承担赔偿责任。无论是由于何种情况不能履行赔偿义务，都不能免除其赔偿义务。生产安全事故责任人的赔偿义务，也不因采取强制措施而终止。生产安全事故的责任人什么时候有能力履行赔偿义务，什么时候就应当履行义务，直到完全履行赔偿义务为止。在这期间，如果受害人发现生产安全事故的责任人在采取执行措施后，还有其他可供执行的财产，或者发现生产安全事故的责任人经过一段时间的恢复后，又获得了新的财产，可以随时请求人民法院执行。

实务应用

54. 法院强制执行可以采取哪些强制措施?

本条第 1 款规定，生产经营单位发生生产安全事故，造成人员伤亡、他人财产损失的，应当依法承担赔偿责任。如果生产经营单位拒不承担赔偿责任，或者生产经营单位的负责人逃匿的，由人民法院依法强制执行。按照《民事诉讼法》的规定，发生法律效力的民事判决、裁定，当事人必须履行。一方拒绝履行的，对方当事人可以向人民法院申请强制执行，也可以由审判员移送执行员执行。调解书和其他应当由人民法院执行的法律文书，当事人必须履行。一方拒绝履行的，对方当事人可以向人民法院申请执行。人民法院在强制执行时，可以采取以下强制措施：查询、冻结、划拨被执行人的存款；扣留、提取被执行人的收入；查封、扣押、拍卖、变卖被执行人的财产；搜查被执行人的财产；强制被执行人履行法律文书指定的行为等。

第七章　附　　则

第一百一十七条　【用语解释】本法下列用语的含义：

危险物品，是指易燃易爆物品、危险化学品、放射性物品等能够危及人身安全和财产安全的物品。

重大危险源，是指长期地或者临时地生产、搬运、使用或者储存危险物品，且危险物品的数量等于或者超过临界量的单元（包括场所和设施）。

第一百一十八条　【事故、隐患分类判定标准的制定】本法规定的生产安全一般事故、较大事故、重大事故、特别重大事故的划分标准由国务院规定。

国务院应急管理部门和其他负有安全生产监督管理职责的部门应当根据各自的职责分工，制定相关行业、领域重大危险源的辨识标准和重大事故隐患的判定标准。

条文解读

事故 ➲ 根据生产安全事故造成的人员伤亡或者直接经济损失，事故一般分为以下等级：（1）特别重大事故，是指造成 30 人以上死亡，或者 100 人以上重伤（包括急性工业中毒，下同），或者 1 亿元以上直接经济损失的事故；（2）重大事故，是指造成 10 人以上 30 人以下死亡，或者 50 人以上 100 人以下重伤，或者 5000 万元以上 1 亿元以下直接经济损失的事故；（3）较大事故，是指造成 3 人以上 10 人以下死亡，或者 10 人以上 50 人以下重伤，或者 1000 万元以上 5000 万元以下直接经济损失的事故；（4）一般事故，是指造成 3 人以下死亡，或者 10 人以下重伤，或者 1000 万元以下直接经济损失的事故。国务院应急管理部门可以会同国务院有关部门制定事故等级划分的补充性规定。上述所称的“以上”包括本数，所称的“以下”不包括本数。

实务应用

55. 煤矿在什么情况下，应当立即停止生产，排除隐患？

《国务院关于预防煤矿生产安全事故的特别规定》第 8 条第 2 款明确规定，煤矿有下列重大安全生产隐患和行为的，应当立即停止生产，排除隐患：（1）超能力、超强度或者超定员组织生产的；（2）瓦斯超限作业的；（3）煤与瓦斯突出矿井，未依照规定实施防突出措施的；（4）高瓦斯矿井未建立瓦斯抽放系统和监控系统，或者瓦斯监控系统不能正常运行的；（5）通风系统不完善、不可靠的；（6）有严重水患，未采取有效措施的；（7）超层越界开采的；（8）有冲击地压危险，未采取有效措施的；（9）自然发火严重，未采取有效措施的；（10）使用明令禁止使用或者淘汰的设备、工艺的；（11）年产 6 万吨以上的煤矿没有双回路供电系统的；（12）新建煤矿边建设边生产，煤矿改扩建期间，在改扩建的区域生产，或者在其他区域的生产超出安全设计规定的范围和规模的；（13）煤矿实行整体承包生产经营后，未重新取得安全生产许可证和煤炭生产许可证，从事生产的，或者承包方再次转包的，以及煤矿将井下采掘工作面和井巷维修作业进行劳务承包的；（14）煤矿改制期间，未明确安全生产责任人和安全管理机构的，或者在完成改制后，未重新取得或者变更采矿许可证、安全生产许可证和营业执照的；（15）有其他重大安全生产隐患的。

关联参见

《生产安全事故报告和调查处理条例》第3条；《国务院关于预防煤矿生产安全事故的特别规定》第8条第2款

第一百一十九条　【生效日期】本法自2002年11月1日起施行。

关联法规

中华人民共和国刑法（节录）

· 1979 年 7 月 1 日第五届全国人民代表大会第二次会议通过

· 1997 年 3 月 14 日第八届全国人民代表大会第五次会议修订

· 根据 1998 年 12 月 29 日第九届全国人民代表大会常务委员会第六次会议通过的《全国人民代表大会常务委员会关于惩治骗购外汇、逃汇和非法买卖外汇犯罪的决定》、1999 年 12 月 25 日第九届全国人民代表大会常务委员会第十三次会议通过的《中华人民共和国刑法修正案》、2001 年 8 月 31 日第九届全国人民代表大会常务委员会第二十三次会议通过的《中华人民共和国刑法修正案（二）》、2001 年 12 月 29 日第九届全国人民代表大会常务委员会第二十五次会议通过的《中华人民共和国刑法修正案（三）》、2002 年 12 月 28 日第九届全国人民代表大会常务委员会第三十一次会议通过的《中华人民共和国刑法修正案（四）》、2005 年 2 月 28 日第十届全国人民代表大会常务委员会第十四次会议通过的《中华人民共和国刑法修正案（五）》、2006 年 6 月 29 日第十届全国人民代表大会常务委员会第二十二次会议通过的《中华人民共和国刑法修正案（六）》、2009 年 2 月 28 日第十一届全国人民代表大会常务委员会第七次会议通过的《中华人民共和国刑法修正案（七）》、2009 年 8 月 27 日第十一届全国人民代表大会常务委员会第十次会议通过的《全国人民代表大会常务委员会关于修改部分法律的决定》、2011 年 2 月 25 日第十一届全国人民代表大会常务委员会第十九次会议通过的《中华人民共和国刑法修正案（八）》、2015 年 8 月 29 日第十二届全国人民代表大会常务委员会第十六次会议通过的《中华人民共和国刑法修正案（九）》、2017 年 11 月 4 日第十二届全国人民代表大会常务委员会第三十次会议通过的《中华人民共和国刑法修正案（十）》和2020年12月26日第十三届全国人民代表大会常务委员会第二十四次会议通过的《中华人民共和国刑法修正案（十一）》修正[①]

……

第一百三十一条　航空人员违反规章制度，致使发生重大飞行事故，造成严重后果的，处三年以下有期徒刑或者拘役；造成飞机坠毁或者人员死亡的，处三年以上七年以下有期徒刑。

第一百三十二条　铁路职工违反规章制度，致使发生铁路运营安全事故，造成严重后果的，处三年以下有期徒刑或者拘役；造成特别严重后果的，处三年以上七年以下有期徒刑。

第一百三十三条　违反交通运输管理法规，因而发生重大事故，致人重伤、死亡或者使公私财产遭受重大损失的，处三年以下有期徒刑或者拘役；交通运输肇事后逃逸或者有其他特别恶劣情节的，处三年以上七年以下有期徒刑；因逃逸致人死亡的，处七年以上有期徒刑。

第一百三十三条之一　在道路上驾驶机动车，有下列情形之一的，处拘役，并处罚金：

（一）追逐竞驶，情节恶劣的；

（二）醉酒驾驶机动车的；

（三）从事校车业务或者旅客运输，严重超过额定乘员载客，或者严重超过规定时速行驶的；

（四）违反危险化学品安全管理规定运输危险化学品，危及公共安全的。

机动车所有人、管理人对前款第三项、第四项行为负有直接责任的，依照前款的规定处罚。

---

① 刑法、历次刑法修正案、涉及修改刑法的决定的施行日期，分别依据各法律所规定的施行日期确定。

有前两款行为，同时构成其他犯罪的，依照处罚较重的规定定罪处罚。

第一百三十三条之二 对行驶中的公共交通工具的驾驶人员使用暴力或者抢控驾驶操纵装置，干扰公共交通工具正常行驶，危及公共安全的，处一年以下有期徒刑、拘役或者管制，并处或者单处罚金。

前款规定的驾驶人员在行驶的公共交通工具上擅离职守，与他人互殴或者殴打他人，危及公共安全的，依照前款的规定处罚。

有前两款行为，同时构成其他犯罪的，依照处罚较重的规定定罪处罚。

第一百三十四条 在生产、作业中违反有关安全管理的规定，因而发生重大伤亡事故或者造成其他严重后果的，处三年以下有期徒刑或者拘役；情节特别恶劣的，处三年以上七年以下有期徒刑。

强令他人违章冒险作业，或者明知存在重大事故隐患而不排除，仍冒险组织作业，因而发生重大伤亡事故或者造成其他严重后果的，处五年以下有期徒刑或者拘役；情节特别恶劣的，处五年以上有期徒刑。

第一百三十四条之一 在生产、作业中违反有关安全管理的规定，有下列情形之一，具有发生重大伤亡事故或者其他严重后果的现实危险的，处一年以下有期徒刑、拘役或者管制：

（一）关闭、破坏直接关系生产安全的监控、报警、防护、救生设备、设施，或者篡改、隐瞒、销毁其相关数据、信息的；

（二）因存在重大事故隐患被依法责令停产停业、停止施工、停止使用有关设备、设施、场所或者立即采取排除危险的整改措施，而拒不执行的；

（三）涉及安全生产的事项未经依法批准或者许可，擅自从事矿山开采、金属冶炼、建筑施工，以及危险物品生产、经营、储存等高度危险的生产作业活动的。

第一百三十五条 安全生产设施或者安全生产条件不符合国家规定，因而发生重大伤亡事故或者造成其他严重后果的，对直接负责的主管人员和其他直接责任人员，处三年以下有期徒刑或者拘役；情节特别恶劣的，处三年以上七年以下有期徒刑。

第一百三十五条之一　举办大型群众性活动违反安全管理规定，因而发生重大伤亡事故或者造成其他严重后果的，对直接负责的主管人员和其他直接责任人员，处三年以下有期徒刑或者拘役；情节特别恶劣的，处三年以上七年以下有期徒刑。

第一百三十六条　违反爆炸性、易燃性、放射性、毒害性、腐蚀性物品的管理规定，在生产、储存、运输、使用中发生重大事故，造成严重后果的，处三年以下有期徒刑或者拘役；后果特别严重的，处三年以上七年以下有期徒刑。

第一百三十七条　建设单位、设计单位、施工单位、工程监理单位违反国家规定，降低工程质量标准，造成重大安全事故的，对直接责任人员，处五年以下有期徒刑或者拘役，并处罚金；后果特别严重的，处五年以上十年以下有期徒刑，并处罚金。

第一百三十八条　明知校舍或者教育教学设施有危险，而不采取措施或者不及时报告，致使发生重大伤亡事故的，对直接责任人员，处三年以下有期徒刑或者拘役；后果特别严重的，处三年以上七年以下有期徒刑。

第一百三十九条　违反消防管理法规，经消防监督机构通知采取改正措施而拒绝执行，造成严重后果的，对直接责任人员，处三年以下有期徒刑或者拘役；后果特别严重的，处三年以上七年以下有期徒刑。

第一百三十九条之一　在安全事故发生后，负有报告职责的人员不报或者谎报事故情况，贻误事故抢救，情节严重的，处三年以下有期徒刑或者拘役；情节特别严重的，处三年以上七年以下有期徒刑。

……

安全生产许可证条例

· 2004 年 1 月 13 日中华人民共和国国务院令第 397 号公布
· 根据 2013 年 7 月 18 日《国务院关于废止和修改部分行政法规的决定》第一次修订
· 根据 2014 年 7 月 29 日《国务院关于修改部分行政法规的决定》第二次修订

第一条 为了严格规范安全生产条件，进一步加强安全生产监督管理，防止和减少生产安全事故，根据《中华人民共和国安全生产法》的有关规定，制定本条例。

第二条 国家对矿山企业、建筑施工企业和危险化学品、烟花爆竹、民用爆炸物品生产企业（以下统称企业）实行安全生产许可制度。

企业未取得安全生产许可证的，不得从事生产活动。

第三条 国务院安全生产监督管理部门负责中央管理的非煤矿矿山企业和危险化学品、烟花爆竹生产企业安全生产许可证的颁发和管理。

省、自治区、直辖市人民政府安全生产监督管理部门负责前款规定以外的非煤矿矿山企业和危险化学品、烟花爆竹生产企业安全生产许可证的颁发和管理，并接受国务院安全生产监督管理部门的指导和监督。

国家煤矿安全监察机构负责中央管理的煤矿企业安全生产许可证的颁发和管理。

在省、自治区、直辖市设立的煤矿安全监察机构负责前款规定以外的其他煤矿企业安全生产许可证的颁发和管理，并接受国家煤矿安全监察机构的指导和监督。

第四条 省、自治区、直辖市人民政府建设主管部门负责建筑施工企业安全生产许可证的颁发和管理，并接受国务院建设主管部门的指导和监督。

第五条 省、自治区、直辖市人民政府民用爆炸物品行业主管部门负责民用爆炸物品生产企业安全生产许可证的颁发和管理，并接受国务院民用爆炸物品行业主管部门的指导和监督。

第六条 企业取得安全生产许可证，应当具备下列安全生产条件：

（一）建立、健全安全生产责任制，制定完备的安全生产规章制度和操作规程；

（二）安全投入符合安全生产要求；

（三）设置安全生产管理机构，配备专职安全生产管理人员；

（四）主要负责人和安全生产管理人员经考核合格；

（五）特种作业人员经有关业务主管部门考核合格，取得特种作业操作资格证书；

（六）从业人员经安全生产教育和培训合格；

（七）依法参加工伤保险，为从业人员缴纳保险费；

（八）厂房、作业场所和安全设施、设备、工艺符合有关安全生产法律、法规、标准和规程的要求；

（九）有职业危害防治措施，并为从业人员配备符合国家标准或者行业标准的劳动防护用品；

（十）依法进行安全评价；

（十一）有重大危险源检测、评估、监控措施和应急预案；

（十二）有生产安全事故应急救援预案、应急救援组织或者应急救援人员，配备必要的应急救援器材、设备；

（十三）法律、法规规定的其他条件。

第七条 企业进行生产前，应当依照本条例的规定向安全生产许可证颁发管理机关申请领取安全生产许可证，并提供本条例第六条规定的相关文件、资料。安全生产许可证颁发管理机关应当自收到申请之日起45 日内审查完毕，经审查符合本条例规定的安全生产条件的，颁发安全生产许可证；不符合本条例规定的安全生产条件的，不予颁发安全生产许可证，书面通知企业并说明理由。

煤矿企业应当以矿（井）为单位，依照本条例的规定取得安全生产许可证。

第八条 安全生产许可证由国务院安全生产监督管理部门规定统一的式样。

第九条 安全生产许可证的有效期为 3 年。安全生产许可证有效期满需要延期的，企业应当于期满前 3 个月向原安全生产许可证颁发管理机关办理延期手续。

企业在安全生产许可证有效期内，严格遵守有关安全生产的法律法规，未发生死亡事故的，安全生产许可证有效期届满时，经原安全生产许可证颁发管理机关同意，不再审查，安全生产许可证有效期延期 3 年。

第十条 安全生产许可证颁发管理机关应当建立、健全安全生产许可证档案管理制度，并定期向社会公布企业取得安全生产许可证的情况。

第十一条 煤矿企业安全生产许可证颁发管理机关、建筑施工企业安全生产许可证颁发管理机关、民用爆炸物品生产企业安全生产许可证颁发管理机关，应当每年向同级安全生产监督管理部门通报其安全生产许可证颁发和管理情况。

第十二条 国务院安全生产监督管理部门和省、自治区、直辖市人民政府安全生产监督管理部门对建筑施工企业、民用爆炸物品生产企业、煤矿企业取得安全生产许可证的情况进行监督。

第十三条 企业不得转让、冒用安全生产许可证或者使用伪造的安全生产许可证。

第十四条 企业取得安全生产许可证后，不得降低安全生产条件，并应当加强日常安全生产管理，接受安全生产许可证颁发管理机关的监督检查。

安全生产许可证颁发管理机关应当加强对取得安全生产许可证的企

业的监督检查，发现其不再具备本条例规定的安全生产条件的，应当暂扣或者吊销安全生产许可证。

第十五条 安全生产许可证颁发管理机关工作人员在安全生产许可证颁发、管理和监督检查工作中，不得索取或者接受企业的财物，不得谋取其他利益。

第十六条 监察机关依照《中华人民共和国行政监察法》的规定，对安全生产许可证颁发管理机关及其工作人员履行本条例规定的职责实施监察。

第十七条 任何单位或者个人对违反本条例规定的行为，有权向安全生产许可证颁发管理机关或者监察机关等有关部门举报。

第十八条 安全生产许可证颁发管理机关工作人员有下列行为之一的，给予降级或者撤职的行政处分；构成犯罪的，依法追究刑事责任：

（一）向不符合本条例规定的安全生产条件的企业颁发安全生产许可证的；

（二）发现企业未依法取得安全生产许可证擅自从事生产活动，不依法处理的；

（三）发现取得安全生产许可证的企业不再具备本条例规定的安全生产条件，不依法处理的；

（四）接到对违反本条例规定行为的举报后，不及时处理的；

（五）在安全生产许可证颁发、管理和监督检查工作中，索取或者接受企业的财物，或者谋取其他利益的。

第十九条 违反本条例规定，未取得安全生产许可证擅自进行生产的，责令停止生产，没收违法所得，并处10万元以上50万元以下的罚款；造成重大事故或者其他严重后果，构成犯罪的，依法追究刑事责任。

第二十条 违反本条例规定，安全生产许可证有效期满未办理延期手续，继续进行生产的，责令停止生产，限期补办延期手续，没收违法所得，并处5万元以上10万元以下的罚款；逾期仍不办理延期手续，继续进行生产的，依照本条例第十九条的规定处罚。

第二十一条 违反本条例规定，转让安全生产许可证的，没收违法所得，处 10 万元以上 50 万元以下的罚款，并吊销其安全生产许可证；构成犯罪的，依法追究刑事责任；接受转让的，依照本条例第十九条的规定处罚。

冒用安全生产许可证或者使用伪造的安全生产许可证的，依照本条例第十九条的规定处罚。

第二十二条 本条例施行前已经进行生产的企业，应当自本条例施行之日起 1 年内，依照本条例的规定向安全生产许可证颁发管理机关申请办理安全生产许可证；逾期不办理安全生产许可证，或者经审查不符合本条例规定的安全生产条件，未取得安全生产许可证，继续进行生产的，依照本条例第十九条的规定处罚。

第二十三条 本条例规定的行政处罚，由安全生产许可证颁发管理机关决定。

第二十四条 本条例自公布之日起施行。

生产安全事故应急条例

· 2018 年 12 月 5 日国务院第 33 次常务会议通过
· 2019 年 2 月 17 日中华人民共和国国务院令第 708 号公布
· 自 2019 年 4 月 1 日起施行

第一章 总 则

第一条 为了规范生产安全事故应急工作，保障人民群众生命和财产安全，根据《中华人民共和国安全生产法》和《中华人民共和国突发事件应对法》，制定本条例。

第二条 本条例适用于生产安全事故应急工作；法律、行政法规另有规定的，适用其规定。

第三条　国务院统一领导全国的生产安全事故应急工作，县级以上地方人民政府统一领导本行政区域内的生产安全事故应急工作。生产安全事故应急工作涉及两个以上行政区域的，由有关行政区域共同的上一级人民政府负责，或者由各有关行政区域的上一级人民政府共同负责。

县级以上人民政府应急管理部门和其他对有关行业、领域的安全生产工作实施监督管理的部门（以下统称负有安全生产监督管理职责的部门）在各自职责范围内，做好有关行业、领域的生产安全事故应急工作。

县级以上人民政府应急管理部门指导、协调本级人民政府其他负有安全生产监督管理职责的部门和下级人民政府的生产安全事故应急工作。

乡、镇人民政府以及街道办事处等地方人民政府派出机关应当协助上级人民政府有关部门依法履行生产安全事故应急工作职责。

第四条　生产经营单位应当加强生产安全事故应急工作，建立、健全生产安全事故应急工作责任制，其主要负责人对本单位的生产安全事故应急工作全面负责。

第二章　应急准备

第五条　县级以上人民政府及其负有安全生产监督管理职责的部门和乡、镇人民政府以及街道办事处等地方人民政府派出机关，应当针对可能发生的生产安全事故的特点和危害，进行风险辨识和评估，制定相应的生产安全事故应急救援预案，并依法向社会公布。

生产经营单位应当针对本单位可能发生的生产安全事故的特点和危害，进行风险辨识和评估，制定相应的生产安全事故应急救援预案，并向本单位从业人员公布。

第六条　生产安全事故应急救援预案应当符合有关法律、法规、规章和标准的规定，具有科学性、针对性和可操作性，明确规定应急组织体系、职责分工以及应急救援程序和措施。

有下列情形之一的，生产安全事故应急救援预案制定单位应当及时修订相关预案：

（一）制定预案所依据的法律、法规、规章、标准发生重大变化；

（二）应急指挥机构及其职责发生调整；

（三）安全生产面临的风险发生重大变化；

（四）重要应急资源发生重大变化；

（五）在预案演练或者应急救援中发现需要修订预案的重大问题；

（六）其他应当修订的情形。

第七条 县级以上人民政府负有安全生产监督管理职责的部门应当将其制定的生产安全事故应急救援预案报送本级人民政府备案；易燃易爆物品、危险化学品等危险物品的生产、经营、储存、运输单位，矿山、金属冶炼、城市轨道交通运营、建筑施工单位，以及宾馆、商场、娱乐场所、旅游景区等人员密集场所经营单位，应当将其制定的生产安全事故应急救援预案按照国家有关规定报送县级以上人民政府负有安全生产监督管理职责的部门备案，并依法向社会公布。

第八条 县级以上地方人民政府以及县级以上人民政府负有安全生产监督管理职责的部门，乡、镇人民政府以及街道办事处等地方人民政府派出机关，应当至少每 2 年组织 1 次生产安全事故应急救援预案演练。

易燃易爆物品、危险化学品等危险物品的生产、经营、储存、运输单位，矿山、金属冶炼、城市轨道交通运营、建筑施工单位，以及宾馆、商场、娱乐场所、旅游景区等人员密集场所经营单位，应当至少每半年组织 1 次生产安全事故应急救援预案演练，并将演练情况报送所在地县级以上地方人民政府负有安全生产监督管理职责的部门。

县级以上地方人民政府负有安全生产监督管理职责的部门应当对本行政区域内前款规定的重点生产经营单位的生产安全事故应急救援预案演练进行抽查；发现演练不符合要求的，应当责令限期改正。

第九条 县级以上人民政府应当加强对生产安全事故应急救援队伍建设的统一规划、组织和指导。

县级以上人民政府负有安全生产监督管理职责的部门根据生产安全事故应急工作的实际需要，在重点行业、领域单独建立或者依托有条件的生产经营单位、社会组织共同建立应急救援队伍。

国家鼓励和支持生产经营单位和其他社会力量建立提供社会化应急救援服务的应急救援队伍。

第十条 易燃易爆物品、危险化学品等危险物品的生产、经营、储存、运输单位，矿山、金属冶炼、城市轨道交通运营、建筑施工单位，以及宾馆、商场、娱乐场所、旅游景区等人员密集场所经营单位，应当建立应急救援队伍；其中，小型企业或者微型企业等规模较小的生产经营单位，可以不建立应急救援队伍，但应当指定兼职的应急救援人员，并且可以与邻近的应急救援队伍签订应急救援协议。

工业园区、开发区等产业聚集区域内的生产经营单位，可以联合建立应急救援队伍。

第十一条 应急救援队伍的应急救援人员应当具备必要的专业知识、技能、身体素质和心理素质。

应急救援队伍建立单位或者兼职应急救援人员所在单位应当按照国家有关规定对应急救援人员进行培训；应急救援人员经培训合格后，方可参加应急救援工作。

应急救援队伍应当配备必要的应急救援装备和物资，并定期组织训练。

第十二条 生产经营单位应当及时将本单位应急救援队伍建立情况按照国家有关规定报送县级以上人民政府负有安全生产监督管理职责的部门，并依法向社会公布。

县级以上人民政府负有安全生产监督管理职责的部门应当定期将本行业、本领域的应急救援队伍建立情况报送本级人民政府，并依法向社会公布。

第十三条 县级以上地方人民政府应当根据本行政区域内可能发生的生产安全事故的特点和危害，储备必要的应急救援装备和物资，并及时更新和补充。

易燃易爆物品、危险化学品等危险物品的生产、经营、储存、运输单位，矿山、金属冶炼、城市轨道交通运营、建筑施工单位，以及宾馆、商场、娱乐场所、旅游景区等人员密集场所经营单位，应当根据本单位可能发生的生产安全事故的特点和危害，配备必要的灭火、排水、通风以及危险物品稀释、掩埋、收集等应急救援器材、设备和物资，并进行经常性维护、保养，保证正常运转。

第十四条 下列单位应当建立应急值班制度，配备应急值班人员：

（一）县级以上人民政府及其负有安全生产监督管理职责的部门；

（二）危险物品的生产、经营、储存、运输单位以及矿山、金属冶炼、城市轨道交通运营、建筑施工单位；

（三）应急救援队伍。

规模较大、危险性较高的易燃易爆物品、危险化学品等危险物品的生产、经营、储存、运输单位应当成立应急处置技术组，实行 24 小时应急值班。

第十五条 生产经营单位应当对从业人员进行应急教育和培训，保证从业人员具备必要的应急知识，掌握风险防范技能和事故应急措施。

第十六条 国务院负有安全生产监督管理职责的部门应当按照国家有关规定建立生产安全事故应急救援信息系统，并采取有效措施，实现数据互联互通、信息共享。

生产经营单位可以通过生产安全事故应急救援信息系统办理生产安全事故应急救援预案备案手续，报送应急救援预案演练情况和应急救援队伍建设情况；但依法需要保密的除外。

第三章 应急救援

第十七条 发生生产安全事故后，生产经营单位应当立即启动生产安全事故应急救援预案，采取下列一项或者多项应急救援措施，并按照国家有关规定报告事故情况：

（一）迅速控制危险源，组织抢救遇险人员；

（二）根据事故危害程度，组织现场人员撤离或者采取可能的应急措施后撤离；

（三）及时通知可能受到事故影响的单位和人员；

（四）采取必要措施，防止事故危害扩大和次生、衍生灾害发生；

（五）根据需要请求邻近的应急救援队伍参加救援，并向参加救援的应急救援队伍提供相关技术资料、信息和处置方法；

（六）维护事故现场秩序，保护事故现场和相关证据；

（七）法律、法规规定的其他应急救援措施。

第十八条 有关地方人民政府及其部门接到生产安全事故报告后，应当按照国家有关规定上报事故情况，启动相应的生产安全事故应急救援预案，并按照应急救援预案的规定采取下列一项或者多项应急救援措施：

（一）组织抢救遇险人员，救治受伤人员，研判事故发展趋势以及可能造成的危害；

（二）通知可能受到事故影响的单位和人员，隔离事故现场，划定警戒区域，疏散受到威胁的人员，实施交通管制；

（三）采取必要措施，防止事故危害扩大和次生、衍生灾害发生，避免或者减少事故对环境造成的危害；

（四）依法发布调用和征用应急资源的决定；

（五）依法向应急救援队伍下达救援命令；

（六）维护事故现场秩序，组织安抚遇险人员和遇险遇难人员亲属；

（七）依法发布有关事故情况和应急救援工作的信息；

（八）法律、法规规定的其他应急救援措施。

有关地方人民政府不能有效控制生产安全事故的，应当及时向上级人民政府报告。上级人民政府应当及时采取措施，统一指挥应急救援。

第十九条 应急救援队伍接到有关人民政府及其部门的救援命令或者签有应急救援协议的生产经营单位的救援请求后，应当立即参加生产安全事故应急救援。

应急救援队伍根据救援命令参加生产安全事故应急救援所耗费用，由事故责任单位承担；事故责任单位无力承担的，由有关人民政府协调解决。

第二十条 发生生产安全事故后，有关人民政府认为有必要的，可以设立由本级人民政府及其有关部门负责人、应急救援专家、应急救援队伍负责人、事故发生单位负责人等人员组成的应急救援现场指挥部，并指定现场指挥部总指挥。

第二十一条 现场指挥部实行总指挥负责制，按照本级人民政府的授权组织制定并实施生产安全事故现场应急救援方案，协调、指挥有关单位和个人参加现场应急救援。

参加生产安全事故现场应急救援的单位和个人应当服从现场指挥部的统一指挥。

第二十二条 在生产安全事故应急救援过程中，发现可能直接危及应急救援人员生命安全的紧急情况时，现场指挥部或者统一指挥应急救援的人民政府应当立即采取相应措施消除隐患，降低或者化解风险，必要时可以暂时撤离应急救援人员。

第二十三条 生产安全事故发生地人民政府应当为应急救援人员提供必需的后勤保障，并组织通信、交通运输、医疗卫生、气象、水文、地质、电力、供水等单位协助应急救援。

第二十四条 现场指挥部或者统一指挥生产安全事故应急救援的人民政府及其有关部门应当完整、准确地记录应急救援的重要事项，妥善保存相关原始资料和证据。

第二十五条 生产安全事故的威胁和危害得到控制或者消除后，有关人民政府应当决定停止执行依照本条例和有关法律、法规采取的全部或者部分应急救援措施。

第二十六条 有关人民政府及其部门根据生产安全事故应急救援需要依法调用和征用的财产，在使用完毕或者应急救援结束后，应当及时归还。财产被调用、征用或者调用、征用后毁损、灭失的，有关人民政府及其部门应当按照国家有关规定给予补偿。

第二十七条 按照国家有关规定成立的生产安全事故调查组应当对应急救援工作进行评估，并在事故调查报告中作出评估结论。

第二十八条 县级以上地方人民政府应当按照国家有关规定，对在生产安全事故应急救援中伤亡的人员及时给予救治和抚恤；符合烈士评定条件的，按照国家有关规定评定为烈士。

第四章 法律责任

第二十九条 地方各级人民政府和街道办事处等地方人民政府派出机关以及县级以上人民政府有关部门违反本条例规定的，由其上级行政机关责令改正；情节严重的，对直接负责的主管人员和其他直接责任人员依法给予处分。

第三十条 生产经营单位未制定生产安全事故应急救援预案、未定期组织应急救援预案演练、未对从业人员进行应急教育和培训，生产经营单位的主要负责人在本单位发生生产安全事故时不立即组织抢救的，由县级以上人民政府负有安全生产监督管理职责的部门依照《中华人民共和国安全生产法》有关规定追究法律责任。

第三十一条 生产经营单位未对应急救援器材、设备和物资进行经常性维护、保养，导致发生严重生产安全事故或者生产安全事故危害扩大，或者在本单位发生生产安全事故后未立即采取相应的应急救援措施，造成严重后果的，由县级以上人民政府负有安全生产监督管理职责的部门依照《中华人民共和国突发事件应对法》有关规定追究法律责任。

第三十二条 生产经营单位未将生产安全事故应急救援预案报送备案、未建立应急值班制度或者配备应急值班人员的，由县级以上人民政府负有安全生产监督管理职责的部门责令限期改正；逾期未改正的，处

3万元以上5万元以下的罚款，对直接负责的主管人员和其他直接责任人员处1万元以上2万元以下的罚款。

第三十三条 违反本条例规定，构成违反治安管理行为的，由公安机关依法给予处罚；构成犯罪的，依法追究刑事责任。

第五章 附 则

第三十四条 储存、使用易燃易爆物品、危险化学品等危险物品的科研机构、学校、医院等单位的安全事故应急工作，参照本条例有关规定执行。

第三十五条 本条例自2019年4月1日起施行。

最高人民法院、最高人民检察院关于办理危害生产安全刑事案件适用法律若干问题的解释

· 2015年11月9日最高人民法院审判委员会第1665次会议、2015年12月9日最高人民检察院第十二届检察委员会第44次会议通过
· 2015年12月14日最高人民法院、最高人民检察院公告公布
· 自2015年12月16日起施行
· 法释〔2015〕22号

为依法惩治危害生产安全犯罪，根据刑法有关规定，现就办理此类刑事案件适用法律的若干问题解释如下：

第一条 刑法第一百三十四条第一款规定的犯罪主体，包括对生产、作业负有组织、指挥或者管理职责的负责人、管理人员、实际控制人、投资人等人员，以及直接从事生产、作业的人员。

第二条 刑法第一百三十四条第二款规定的犯罪主体，包括对生产、作业负有组织、指挥或者管理职责的负责人、管理人员、实际控制人、投

资人等人员。

第三条 刑法第一百三十五条规定的“直接负责的主管人员和其他直接责任人员”，是指对安全生产设施或者安全生产条件不符合国家规定负有直接责任的生产经营单位负责人、管理人员、实际控制人、投资人，以及其他对安全生产设施或者安全生产条件负有管理、维护职责的人员。

第四条 刑法第一百三十九条之一规定的“负有报告职责的人员”，是指负有组织、指挥或者管理职责的负责人、管理人员、实际控制人、投资人，以及其他负有报告职责的人员。

第五条 明知存在事故隐患、继续作业存在危险，仍然违反有关安全管理的规定，实施下列行为之一的，应当认定为刑法第一百三十四条第二款规定的“强令他人违章冒险作业”：

（一）利用组织、指挥、管理职权，强制他人违章作业的；

（二）采取威逼、胁迫、恐吓等手段，强制他人违章作业的；

（三）故意掩盖事故隐患，组织他人违章作业的；

（四）其他强令他人违章作业的行为。

第六条 实施刑法第一百三十二条、第一百三十四条第一款、第一百三十五条、第一百三十五条之一、第一百三十六条、第一百三十九条规定的行为，因而发生安全事故，具有下列情形之一的，应当认定为“造成严重后果”或者“发生重大伤亡事故或者造成其他严重后果”，对相关责任人员，处三年以下有期徒刑或者拘役：

（一）造成死亡一人以上，或者重伤三人以上的；

（二）造成直接经济损失一百万元以上的；

（三）其他造成严重后果或者重大安全事故的情形。

实施刑法第一百三十四条第二款规定的行为，因而发生安全事故，具有本条第一款规定情形的，应当认定为“发生重大伤亡事故或者造成其他严重后果”，对相关责任人员，处五年以下有期徒刑或者拘役。

实施刑法第一百三十七条规定的行为，因而发生安全事故，具有本条第一款规定情形的，应当认定为“造成重大安全事故”，对直接责任人员，处五年以下有期徒刑或者拘役，并处罚金。

实施刑法第一百三十八条规定的行为，因而发生安全事故，具有本条第一款第一项规定情形的，应当认定为“发生重大伤亡事故”，对直接责任人员，处三年以下有期徒刑或者拘役。

第七条 实施刑法第一百三十二条、第一百三十四条第一款、第一百三十五条、第一百三十五条之一、第一百三十六条、第一百三十九条规定的行为，因而发生安全事故，具有下列情形之一的，对相关责任人员，处三年以上七年以下有期徒刑：

（一）造成死亡三人以上或者重伤十人以上，负事故主要责任的；

（二）造成直接经济损失五百万元以上，负事故主要责任的；

（三）其他造成特别严重后果、情节特别恶劣或者后果特别严重的情形。

实施刑法第一百三十四条第二款规定的行为，因而发生安全事故，具有本条第一款规定情形的，对相关责任人员，处五年以上有期徒刑。

实施刑法第一百三十七条规定的行为，因而发生安全事故，具有本条第一款规定情形的，对直接责任人员，处五年以上十年以下有期徒刑，并处罚金。

实施刑法第一百三十八条规定的行为，因而发生安全事故，具有下列情形之一的，对直接责任人员，处三年以上七年以下有期徒刑：

（一）造成死亡三人以上或者重伤十人以上，负事故主要责任的；

（二）具有本解释第六条第一款第一项规定情形，同时造成直接经济损失五百万元以上并负事故主要责任的，或者同时造成恶劣社会影响的。

第八条 在安全事故发生后，负有报告职责的人员不报或者谎报事故情况，贻误事故抢救，具有下列情形之一的，应当认定为刑法第一百三十九条之一规定的“情节严重”：

（一）导致事故后果扩大，增加死亡一人以上，或者增加重伤三人以上，或者增加直接经济损失一百万元以上的；

（二）实施下列行为之一，致使不能及时有效开展事故抢救的：

1. 决定不报、迟报、谎报事故情况或者指使、串通有关人员不报、迟报、谎报事故情况的；

2. 在事故抢救期间擅离职守或者逃匿的；

3. 伪造、破坏事故现场，或者转移、藏匿、毁灭遇难人员尸体，或者转移、藏匿受伤人员的；

4. 毁灭、伪造、隐匿与事故有关的图纸、记录、计算机数据等资料以及其他证据的；

（三）其他情节严重的情形。

具有下列情形之一的，应当认定为刑法第一百三十九条之一规定的“情节特别严重”：

（一）导致事故后果扩大，增加死亡三人以上，或者增加重伤十人以上，或者增加直接经济损失五百万元以上的；

（二）采用暴力、胁迫、命令等方式阻止他人报告事故情况，导致事故后果扩大的；

（三）其他情节特别严重的情形。

第九条 在安全事故发生后，与负有报告职责的人员串通，不报或者谎报事故情况，贻误事故抢救，情节严重的，依照刑法第一百三十九条之一的规定，以共犯论处。

第十条 在安全事故发生后，直接负责的主管人员和其他直接责任人员故意阻挠开展抢救，导致人员死亡或者重伤，或者为了逃避法律追究，对被害人进行隐藏、遗弃，致使被害人因无法得到救助而死亡或者重度残疾的，分别依照刑法第二百三十二条、第二百三十四条的规定，以故意杀人罪或者故意伤害罪定罪处罚。

第十一条 生产不符合保障人身、财产安全的国家标准、行业标准的安全设备，或者明知安全设备不符合保障人身、财产安全的国家标准、行业标准而进行销售，致使发生安全事故，造成严重后果的，依照刑法第一百四十六条的规定，以生产、销售不符合安全标准的产品罪定罪处罚。

第十二条 实施刑法第一百三十二条、第一百三十四条至第一百三十九条之一规定的犯罪行为，具有下列情形之一的，从重处罚：

（一）未依法取得安全许可证件或者安全许可证件过期、被暂扣、吊销、注销后从事生产经营活动的；

（二）关闭、破坏必要的安全监控和报警设备的；

（三）已经发现事故隐患，经有关部门或者个人提出后，仍不采取措施的；

（四）一年内曾因危害生产安全违法犯罪活动受过行政处罚或者刑事处罚的；

（五）采取弄虚作假、行贿等手段，故意逃避、阻挠负有安全监督管理职责的部门实施监督检查的；

（六）安全事故发生后转移财产意图逃避承担责任的；

（七）其他从重处罚的情形。

实施前款第五项规定的行为，同时构成刑法第三百八十九条规定的犯罪的，依照数罪并罚的规定处罚。

第十三条 实施刑法第一百三十二条、第一百三十四条至第一百三十九条之一规定的犯罪行为，在安全事故发生后积极组织、参与事故抢救，或者积极配合调查、主动赔偿损失的，可以酌情从轻处罚。

第十四条 国家工作人员违反规定投资入股生产经营，构成本解释规定的有关犯罪的，或者国家工作人员的贪污、受贿犯罪行为与安全事故发生存在关联性的，从重处罚；同时构成贪污、受贿犯罪和危害生产安全犯罪的，依照数罪并罚的规定处罚。

第十五条 国家机关工作人员在履行安全监督管理职责时滥用职权、玩忽职守，致使公共财产、国家和人民利益遭受重大损失的，或者徇私舞弊，对发现的刑事案件依法应当移交司法机关追究刑事责任而不移交，情节严重的，分别依照刑法第三百九十七条、第四百零二条的规定，以滥用职权罪、玩忽职守罪或者徇私舞弊不移交刑事案件罪定罪处罚。

公司、企业、事业单位的工作人员在依法或者受委托行使安全监督管理职责时滥用职权或者玩忽职守，构成犯罪的，应当依照《全国人民代表大会常务委员会关于〈中华人民共和国刑法〉第九章渎职罪主体适用问题的解释》的规定，适用渎职罪的规定追究刑事责任。

第十六条 对于实施危害生产安全犯罪适用缓刑的犯罪分子，可以根据犯罪情况，禁止其在缓刑考验期限内从事与安全生产相关联的特定活动；对于被判处刑罚的犯罪分子，可以根据犯罪情况和预防再犯罪的需要，禁止其自刑罚执行完毕之日或者假释之日起三年至五年内从事与安全生产相关的职业。

第十七条 本解释自 2015 年 12 月 16 日起施行。本解释施行后，最高人民法院、最高人民检察院《关于办理危害矿山生产安全刑事案件具体应用法律若干问题的解释》（法释〔2007〕5 号）同时废止。最高人民法院、最高人民检察院此前发布的司法解释和规范性文件与本解释不一致的，以本解释为准。

最高人民法院、最高人民检察院关于办理危害生产安全刑事案件适用法律若干问题的解释（二）

· 2022 年 9 月 19 日最高人民法院审判委员会第 1875 次会议、2022 年 10 月 25 日最高人民检察院第十三届检察委员会第一百零六次会议通过

· 2022 年 12 月 15 日最高人民法院、最高人民检察院公告公布

· 自 2022 年 12 月 19 日起施行

· 法释〔2022〕19 号

为依法惩治危害生产安全犯罪，维护公共安全，保护人民群众生命安全和公私财产安全，根据《中华人民共和国刑法》《中华人民共和国

刑事诉讼法》和《中华人民共和国安全生产法》等规定，现就办理危害生产安全刑事案件适用法律的若干问题解释如下：

第一条 明知存在事故隐患，继续作业存在危险，仍然违反有关安全管理的规定，有下列情形之一的，属于刑法第一百三十四条第二款规定的“强令他人违章冒险作业”：

（一）以威逼、胁迫、恐吓等手段，强制他人违章作业的；

（二）利用组织、指挥、管理职权，强制他人违章作业的；

（三）其他强令他人违章冒险作业的情形。

明知存在重大事故隐患，仍然违反有关安全管理的规定，不排除或者故意掩盖重大事故隐患，组织他人作业的，属于刑法第一百三十四条第二款规定的“冒险组织作业”。

第二条 刑法第一百三十四条之一规定的犯罪主体，包括对生产、作业负有组织、指挥或者管理职责的负责人、管理人员、实际控制人、投资人等人员，以及直接从事生产、作业的人员。

第三条 因存在重大事故隐患被依法责令停产停业、停止施工、停止使用有关设备、设施、场所或者立即采取排除危险的整改措施，有下列情形之一的，属于刑法第一百三十四条之一第二项规定的“拒不执行”：

（一）无正当理由故意不执行各级人民政府或者负有安全生产监督管理职责的部门依法作出的上述行政决定、命令的；

（二）虚构重大事故隐患已经排除的事实，规避、干扰执行各级人民政府或者负有安全生产监督管理职责的部门依法作出的上述行政决定、命令的；

（三）以行贿等不正当手段，规避、干扰执行各级人民政府或者负有安全生产监督管理职责的部门依法作出的上述行政决定、命令的。

有前款第三项行为，同时构成刑法第三百八十九条行贿罪、第三百九十三条单位行贿罪等犯罪的，依照数罪并罚的规定处罚。

认定是否属于“拒不执行”，应当综合考虑行政决定、命令是否具有法律、行政法规等依据，行政决定、命令的内容和期限要求是否明确、合理，行为人是否具有按照要求执行的能力等因素进行判断。

第四条 刑法第一百三十四条第二款和第一百三十四条之一第二项规定的“重大事故隐患”，依照法律、行政法规、部门规章、强制性标准以及有关行政规范性文件进行认定。

刑法第一百三十四条之一第三项规定的“危险物品”，依照安全生产法第一百一十七条的规定确定。

对于是否属于“重大事故隐患”或者“危险物品”难以确定的，可以依据司法鉴定机构出具的鉴定意见、地市级以上负有安全生产监督管理职责的部门或者其指定的机构出具的意见，结合其他证据综合审查，依法作出认定。

第五条 在生产、作业中违反有关安全管理的规定，有刑法第一百三十四条之一规定情形之一，因而发生重大伤亡事故或者造成其他严重后果，构成刑法第一百三十四条、第一百三十五条至第一百三十九条等规定的重大责任事故罪、重大劳动安全事故罪、危险物品肇事罪、工程重大安全事故罪等犯罪的，依照该规定定罪处罚。

第六条 承担安全评价职责的中介组织的人员提供的证明文件有下列情形之一的，属于刑法第二百二十九条第一款规定的“虚假证明文件”：

（一）故意伪造的；

（二）在周边环境、主要建（构）筑物、工艺、装置、设备设施等重要内容上弄虚作假，导致与评价期间实际情况不符，影响评价结论的；

（三）隐瞒生产经营单位重大事故隐患及整改落实情况、主要灾害等级等情况，影响评价结论的；

（四）伪造、篡改生产经营单位相关信息、数据、技术报告或者结论等内容，影响评价结论的；

（五）故意采用存疑的第三方证明材料、监测检验报告，影响评价结论的；

（六）有其他弄虚作假行为，影响评价结论的情形。

生产经营单位提供虚假材料、影响评价结论，承担安全评价职责的中介组织的人员对评价结论与实际情况不符无主观故意的，不属于刑法第二百二十九条第一款规定的“故意提供虚假证明文件”。

有本条第二款情形，承担安全评价职责的中介组织的人员严重不负责任，导致出具的证明文件有重大失实，造成严重后果的，依照刑法第二百二十九条第三款的规定追究刑事责任。

第七条 承担安全评价职责的中介组织的人员故意提供虚假证明文件，有下列情形之一的，属于刑法第二百二十九条第一款规定的“情节严重”：

（一）造成死亡一人以上或者重伤三人以上安全事故的；

（二）造成直接经济损失五十万元以上安全事故的；

（三）违法所得数额十万元以上的；

（四）两年内因故意提供虚假证明文件受过两次以上行政处罚，又故意提供虚假证明文件的；

（五）其他情节严重的情形。

在涉及公共安全的重大工程、项目中提供虚假的安全评价文件，有下列情形之一的，属于刑法第二百二十九条第一款第三项规定的“致使公共财产、国家和人民利益遭受特别重大损失”：

（一）造成死亡三人以上或者重伤十人以上安全事故的；

（二）造成直接经济损失五百万元以上安全事故的；

（三）其他致使公共财产、国家和人民利益遭受特别重大损失的情形。

承担安全评价职责的中介组织的人员有刑法第二百二十九条第一款行为，在裁量刑罚时，应当考虑其行为手段、主观过错程度、对安全事故的发生所起作用大小及其获利情况、一贯表现等因素，综合评估社会危害性，依法裁量刑罚，确保罪责刑相适应。

第八条 承担安全评价职责的中介组织的人员，严重不负责任，出具的证明文件有重大失实，有下列情形之一的，属于刑法第二百二十九条第三款规定的“造成严重后果”：

（一）造成死亡一人以上或者重伤三人以上安全事故的；

（二）造成直接经济损失一百万元以上安全事故的；

（三）其他造成严重后果的情形。

第九条 承担安全评价职责的中介组织犯刑法第二百二十九条规定之罪的，对该中介组织判处罚金，并对其直接负责的主管人员和其他直接责任人员，依照本解释第七条、第八条的规定处罚。

第十条 有刑法第一百三十四条之一行为，积极配合公安机关或者负有安全生产监督管理职责的部门采取措施排除事故隐患，确有悔改表现，认罪认罚的，可以依法从宽处罚；犯罪情节轻微不需要判处刑罚的，可以不起诉或者免予刑事处罚；情节显著轻微危害不大的，不作为犯罪处理。

第十一条 有本解释规定的行为，被不起诉或者免予刑事处罚，需要给予行政处罚、政务处分或者其他处分的，依法移送有关主管机关处理。

第十二条 本解释自2022年12月19日起施行。最高人民法院、最高人民检察院此前发布的司法解释与本解释不一致的，以本解释为准。

职业病分类和目录

·2013 年 12 月 23 日

·国卫疾控发〔2013〕48 号

一、职业性尘肺病及其他呼吸系统疾病

（一）尘肺病

1. 矽肺

2. 煤工尘肺

3. 石墨尘肺

4. 碳黑尘肺

5. 石棉肺

6. 滑石尘肺

7. 水泥尘肺

8. 云母尘肺

9. 陶工尘肺

10. 铝尘肺

11. 电焊工尘肺

12. 铸工尘肺

13. 根据《尘肺病诊断标准》和《尘肺病理诊断标准》可以诊断的其他尘肺病

（二）其他呼吸系统疾病

1. 过敏性肺炎

2. 棉尘病

3. 哮喘

4. 金属及其化合物粉尘肺沉着病（锡、铁、锑、钡及其化合物等）

5. 刺激性化学物所致慢性阻塞性肺疾病

6. 硬金属肺病

二、职业性皮肤病

1. 接触性皮炎

2. 光接触性皮炎

3. 电光性皮炎

4. 黑变病

5. 痤疮

6. 溃疡

7. 化学性皮肤灼伤

8. 白斑

9. 根据《职业性皮肤病的诊断总则》可以诊断的其他职业性皮肤病

三、职业性眼病

1. 化学性眼部灼伤

2. 电光性眼炎

3. 白内障（含放射性白内障、三硝基甲苯白内障）

四、职业性耳鼻喉口腔疾病

1. 噪声聋

2. 铬鼻病

3. 牙酸蚀病

4. 爆震聋

五、职业性化学中毒

1. 铅及其化合物中毒（不包括四乙基铅）

2. 汞及其化合物中毒

3. 锰及其化合物中毒

4. 镉及其化合物中毒

5. 铍病

6. 铊及其化合物中毒
7. 钡及其化合物中毒
8. 钒及其化合物中毒
9. 磷及其化合物中毒
10. 砷及其化合物中毒
11. 铀及其化合物中毒
12. 砷化氢中毒
13. 氯气中毒
14. 二氧化硫中毒
15. 光气中毒
16. 氨中毒
17. 偏二甲基肼中毒
18. 氮氧化合物中毒
19. 一氧化碳中毒
20. 二硫化碳中毒
21. 硫化氢中毒
22. 磷化氢、磷化锌、磷化铝中毒
23. 氟及其无机化合物中毒
24. 氰及腈类化合物中毒
25. 四乙基铅中毒
26. 有机锡中毒
27. 羰基镍中毒
28. 苯中毒
29. 甲苯中毒
30. 二甲苯中毒
31. 正己烷中毒
32. 汽油中毒
33. 一甲胺中毒

34. 有机氟聚合物单体及其热裂解物中毒

35. 二氯乙烷中毒

36. 四氯化碳中毒

37. 氯乙烯中毒

38. 三氯乙烯中毒

39. 氯丙烯中毒

40. 氯丁二烯中毒

41. 苯的氨基及硝基化合物（不包括三硝基甲苯）中毒

42. 三硝基甲苯中毒

43. 甲醇中毒

44. 酚中毒

45. 五氯酚（钠）中毒

46. 甲醛中毒

47. 硫酸二甲酯中毒

48. 丙烯酰胺中毒

49. 二甲基甲酰胺中毒

50. 有机磷中毒

51. 氨基甲酸酯类中毒

52. 杀虫脒中毒

53. 溴甲烷中毒

54. 拟除虫菊酯类中毒

55. 铟及其化合物中毒

56. 溴丙烷中毒

57. 碘甲烷中毒

58. 氯乙酸中毒

59. 环氧乙烷中毒

60. 上述条目未提及的与职业有害因素接触之间存在直接因果联系的其他化学中毒

六、物理因素所致职业病

1. 中暑

2. 减压病

3. 高原病

4. 航空病

5. 手臂振动病

6. 激光所致眼（角膜、晶状体、视网膜）损伤

7. 冻伤

七、职业性放射性疾病

1. 外照射急性放射病

2. 外照射亚急性放射病

3. 外照射慢性放射病

4. 内照射放射病

5. 放射性皮肤疾病

6. 放射性肿瘤（含矿工高氡暴露所致肺癌）

7. 放射性骨损伤

8. 放射性甲状腺疾病

9. 放射性性腺疾病

10. 放射复合伤

11. 根据《职业性放射性疾病诊断标准（总则）》可以诊断的其他放射性损伤

八、职业性传染病

1. 炭疽

2. 森林脑炎

3. 布鲁氏菌病

4. 艾滋病（限于医疗卫生人员及人民警察）

5. 莱姆病

九、职业性肿瘤

1. 石棉所致肺癌、间皮瘤

2. 联苯胺所致膀胱癌

3. 苯所致白血病

4. 氯甲醚、双氯甲醚所致肺癌

5. 砷及其化合物所致肺癌、皮肤癌

6. 氯乙烯所致肝血管肉瘤

7. 焦炉逸散物所致肺癌

8. 六价铬化合物所致肺癌

9. 毛沸石所致肺癌、胸膜间皮瘤

10. 煤焦油、煤焦油沥青、石油沥青所致皮肤癌

11. β-萘胺所致膀胱癌

十、其他职业病

1. 金属烟热

2. 滑囊炎（限于井下工人）

3. 股静脉血栓综合征、股动脉闭塞症或淋巴管闭塞症（限于刮研作业人员）

法律法规新解读系列

实用附录

安全生产法解读与应用

工伤赔偿计算标准*

（一）工伤医疗待遇的计算公式

1. 医疗费的计算公式

医疗费赔偿金额=诊疗金额+药品金额+住院服务金额

注：上述诊疗金额、药品金额、住院服务金额的计算依据是工伤保险诊疗项目目录、工伤保险药品目录、工伤保险住院服务标准。

2. 住院伙食补助费的计算公式

住院伙食补助费赔偿金额=统筹地区人民政府规定的伙食补助标准

3. 交通食宿费的计算公式

交通食宿费赔偿金额=统筹地区人民政府规定的具体标准

4. 辅助器具费的计算公式

辅助器具费赔偿金额=配置标准×器具数量

* 仅供参考。

（二）工伤伤残待遇的计算公式

1. 护理费的计算公式

（1）生活完全不能自理的护理费的计算公式

护理费赔偿金额=统筹地区上年度职工月平均工资（元/月）×50%

（2）生活大部分不能自理的护理费的计算公式

护理费赔偿金额=统筹地区上年度职工月平均工资（元/月）×40%

（3）生活部分不能自理的护理费的计算公式

护理费赔偿金额=统筹地区上年度职工月平均工资（元/月）×30%

2. 一次性伤残补助金的计算公式

一级伤残的计算公式为：

伤残补助金赔偿金额=本人工资（元/月）×27

二级伤残的计算公式为：

伤残补助金赔偿金额=本人工资（元/月）×25

三级伤残的计算公式为：

伤残补助金赔偿金额=本人工资（元/月）×23

四级伤残的计算公式为：

伤残补助金赔偿金额＝本人工资（元/月）×21

五级伤残的计算公式为：

伤残补助金赔偿金额＝本人工资（元/月）×18

六级伤残的计算公式为：

伤残补助金赔偿金额＝本人工资（元/月）×16

七级伤残的计算公式为：

伤残补助金赔偿金额＝本人工资（元/月）×13

八级伤残的计算公式为：

伤残补助金赔偿金额＝本人工资（元/月）×11

九级伤残的计算公式为：

伤残补助金赔偿金额＝本人工资（元/月）×9

十级伤残的计算公式为：

伤残补助金赔偿金额＝本人工资（元/月）×7

3. 伤残津贴的计算公式

一级伤残为本人工资的90%，其计算公式为：

伤残津贴赔偿金额＝本人工资（元/月）×90%

二级伤残为本人工资的85%，其计算公式为：

伤残津贴赔偿金额＝本人工资（元/月）×85%

三级伤残为本人工资的80%，其计算公式为：

> 伤残津贴赔偿金额=本人工资（元/月）×80%

四级伤残为本人工资的75%，其计算公式为：

> 伤残津贴赔偿金额=本人工资（元/月）×75%

五、六级伤残津贴也以同样的方法，即本人工资乘以法定的比例（五级为70%，六级为60%）计算，但是，被鉴定为五、六级伤残的工伤职工只有在其保留与用人单位的劳动关系，用人单位应予以安排适当工作但难以安排的时候，才由用人单位按月对其支付伤残津贴。

（三）因工死亡的赔偿金的计算公式

1. 丧葬补助金的计算公式

丧葬补助金赔偿金额=统筹地区上年度职工月平均工资×6

2. 供养亲属抚恤金的计算公式

（1）配偶

供养亲属抚恤金赔偿金额=工亡职工本人工资（元/月）×40%

注：如果工亡职工的配偶为孤寡老人的，每人每月在上述标准的基础上增加10%。

（2）其他亲属

供养亲属抚恤金赔偿金额=工亡职工本人工资（元/月）×30%

注：如果工亡职工的其他亲属为孤寡老人或者孤儿的，每人每月在上述标准的基础上增加10%。

3. 一次性工亡补助金的计算公式

一次性工亡补助金额=上一年度全国城镇居民人均可支配收入的20倍

重要法律术语速查表

续表

续表

法律术语	页码
重大危险源	第 39 页
注册安全工程师	第 46 页
专职安全生产管理人员	第 31 页

图书在版编目（CIP）数据

安全生产法解读与应用 / 潘环环编著 . — 北京：中国法制出版社，2023. 5
（法律法规新解读丛书）
ISBN 978-7-5216-3464-8

Ⅰ. ①安… Ⅱ. ①潘… Ⅲ. ①安全法规-法律解释-中国 Ⅳ. ①D922. 545

中国国家版本馆 CIP 数据核字（2023）第 068837 号

责任编辑：黄丹丹　　　　封面设计：李　宁

安全生产法解读与应用
ANQUAN SHENGCHANFA JIEDU YU YINGYONG

编著/潘环环
经销/新华书店
印刷/三河市国英印务有限公司
开本/880 毫米×1230 毫米　32 开　　　印张/ 7. 75　字数/ 187 千
版次/2023 年 5 月第 1 版　　　2023 年 5 月第 1 次印刷

中国法制出版社出版
书号 ISBN 978-7-5216-3464-8　　　定价：25. 00 元

北京市西城区西便门西里甲 16 号西便门办公区
邮政编码：100053　　　传真：010-63141600
网址：http：//www. zgfzs. com　　　编辑部电话：010-63141812
市场营销部电话：010-63141612　　　印务部电话：010-63141606

（如有印装质量问题，请与本社印务部联系。）

【法融】数据库免费增值服务有效期截至本书出版之日起 2 年。